# 小红书全攻略

**平台操作 + 内容创作 + 直播转化 + 运营推广**

王斐 ◎ 编著

人民邮电出版社
北京

### 图书在版编目（CIP）数据

小红书全攻略：平台操作＋内容创作＋直播转化＋运营推广 / 王斐编著. -- 北京：人民邮电出版社，2022.1
 ISBN 978-7-115-57260-8

Ⅰ．①小… Ⅱ．①王… Ⅲ．①网络营销 Ⅳ．①F713.365.2

中国版本图书馆CIP数据核字(2021)第191869号

### 内 容 提 要

本书对小红书的基本操作、账号定位、笔记创作、直播、运营、推广及变现进行了综合介绍，深度解析了小红书内容创作与运营的全过程，结合实际操作和具体案例，讲解了小红书的操作方法和运营技巧。

本书内容全面、条理清晰、通俗易懂、案例丰富，能够帮助读者快速掌握小红书的创作和运营方法。

本书适合广大自媒体创业者和希望通过小红书进行营销推广的实体商家、电商团队等相关人员阅读，也可以作为培训机构学员、新媒体从业者的参考用书。

---

◆ 编 著 王 斐
  责任编辑 王 冉
  责任印制 马振武

◆ 人民邮电出版社出版发行  北京市丰台区成寿寺路11号
  邮编 100164  电子邮件 315@ptpress.com.cn
  网址 https://www.ptpress.com.cn
  涿州市般润文化传播有限公司印刷

◆ 开本：700×1000 1/16
  印张：15                2022年1月第1版
  字数：385千字          2025年3月河北第8次印刷

定价：79.00 元

读者服务热线：(010)81055410  印装质量热线：(010)81055316
反盗版热线：(010)81055315

# 前言

近年来，社交平台影响力越来越大，自媒体行业更是发展迅猛。电商行业的崛起，也为自媒体行业带来了大量变现机会。小红书作为一个拥有3亿用户的社交平台，用户体量十分庞大，其个性化机制也为自媒体推广和变现提供了便利。因此，对于自媒体运营者而言，小红书是一个很好的发展平台。

市面上关于自媒体的书籍有很多，但针对小红书的却不多。本书对小红书的基本操作、账号定位、笔记创作、直播、运营、推广及变现等进行了介绍，内容非常全面。通过学习本书，读者能够快速上手，逐步成长为小红书平台优质的KOL（Key Opinion Leader，关键意见领袖）。

## 本书特点

**深入剖析小红书平台**：本书详细阐述了小红书推送机制、笔记排名算法，介绍了小红书实现变现的三大功能，帮助读者快速理解小红书玩法，是帮助读者成长为优质KOL的指南。

**手把手教你写小红书笔记**：笔记选题怎么做？如何制作配图与视频？文案怎么写？本书将结合具体案例进行讲解，操作教程详细易懂，零基础也能快速上手。

**培养运营变现的思维模式**：本书围绕账号运营、推广、变现等环节进行深入探讨，力求为读者提供真实有效的运营意见，帮助读者培养更加成熟的思维模式。

**紧跟自媒体时代的风口**：本书将小红书内容的推广与变现同社群运营、电商、直播等热门话题相结合，充分展现小红书运营的多元性，帮助读者紧跟自媒体发展的脚步。

## 内容框架

| 入门 | 进阶 | 高阶 |
|---|---|---|
| • 平台功能与界面<br>• 平台的算法逻辑<br>• 账号定位<br>• 笔记选题与写作 | • 笔记推广<br>• 账号运营<br>• 多平台联动<br>• 直播 | • 多种途径变现<br>• 构建私域流量<br>• 培养运营思维 |

## 特别提醒

本书采用小红书V.6.9.6版本编写，操作页面与最新版本App可能存在个别细微差异，但不影响读者参考学习。

## 读者群体

本书适合广大自媒体创业者和希望通过小红书进行营销推广的实体商家、电商团队等相关人员阅读，也可以作为培训机构学员、新媒体从业者的参考用书。

## 致谢

在本书的写作过程中，为了丰富本书内容，为读者提供更加生动的阅读体验，编者运用了大量素材与案例，在此对素材与案例的提供者表示感谢。参与编写的人员还有北京邮电大学世纪学院的孙丽娜老师，以及姜智源、李佩凝和肖建军，在此也对他们表示感谢。感谢长期以来一直关心、帮助和支持我的家人、朋友。特别感谢我的父亲，他淳朴如山的爱是支持我前行的不懈动力！

编者
2021年11月

# 资源与支持

本书由"数艺设"出品,"数艺设"社区平台(www.shuyishe.com)为您提供后续服务。

**配套资源**
本书附赠剪映在线教学视频和新媒体实用工具在线教学视频各一套,方便读者学习。

资源获取请扫码

**在线视频**
提示:微信扫描二维码,点击页面下方的"兑"→"在线视频",输入51页左下角的5位数字,即可观看视频。

"数艺设"社区平台为艺术设计从业者提供专业的教育产品。

## 与我们联系

我们的联系邮箱是 szys@ptpress.com.cn。如果您对本书有任何疑问或建议,请您发邮件给我们,并请在邮件标题中注明本书书名及ISBN,以便我们更高效地做出反馈。

如果您有兴趣出版图书、录制教学课程,或者参与技术审校等工作,可以发邮件给我们。如果您所在的学校、培训机构或企业想批量购买本书或"数艺设"出版的其他图书,也可以发邮件联系我们。

如果您在网上发现针对"数艺设"出品图书的各种形式的盗版行为,包括对图书全部或部分内容的非授权传播,请您将怀疑有侵权行为的链接通过邮件发给我们。您的这一举动是对作者权益的保护,也是我们持续为您提供有价值的内容的动力之源。

## 关于"数艺设"

人民邮电出版社有限公司旗下品牌"数艺设",专注于专业艺术设计类图书出版,为艺术设计从业者提供专业的图书、视频电子书、课程等教育产品。出版领域涉及平面、三维、影视、摄影与后期等数字艺术门类,字体设计、品牌设计、色彩设计等设计理论与应用门类,UI设计、电商设计、新媒体设计、游戏设计、交互设计、原型设计等互联网设计门类,环艺设计手绘、插画设计手绘、工业设计手绘等设计手绘门类。更多服务请访问"数艺设"社区平台www.shuyishe.com。我们将提供及时、准确、专业的学习服务。

# 目 录

## 第1章 初识小红书

### 1.1 小红书的魅力在哪里 ...... 9
- 1.1.1 前世今生——了解它的发展历程 ...... 9
- 1.1.2 商业价值——"社交＋电商"模式 ...... 9
- 1.1.3 平台规模——3亿用户的社区电商平台 ...... 10

### 1.2 小红书的基本操作方法 ...... 10
- 1.2.1 页面——这些功能具体怎么用 ...... 10
- 1.2.2 发布——如何发布第一篇笔记 ...... 16
- 1.2.3 评论——说点什么 ...... 23
- 1.2.4 算法——系统会推送什么内容 ...... 24

## 第2章 极速畅玩小红书

### 2.1 下载注册得这样做 ...... 28
- 2.1.1 初次登录——4种方法任你选 ...... 28
- 2.1.2 身份认证——3种身份等你认证 ...... 30
- 2.1.3 功能申请——3个功能助你变现 ...... 33

### 2.2 了解小红书的平台机制 ...... 36
- 2.2.1 什么是笔记排名 ...... 36
- 2.2.2 笔记排名的意义 ...... 38
- 2.2.3 账号权重规则 ...... 40
- 2.2.4 笔记权重规则 ...... 42

## 第3章 找准定位很重要

### 3.1 如何做好小红书账号定位 ...... 47
- 3.1.1 概念——什么是定位 ...... 47
- 3.1.2 意义——明确定位的重要性 ...... 48
- 3.1.3 方法——如何做好定位 ...... 50

### 3.2 垂直内容很重要 ...... 53
- 3.2.1 用户数据——了解用户，数据才更精准 ...... 53
- 3.2.2 内容定位——了解热门内容，确定方向 ...... 58
- 3.2.3 个人优势——做擅长的，才能持续输出 ...... 59

### 3.3 热门选题方向怎么选 ...... 62
- 3.3.1 7类话题应有尽有 ...... 62
- 3.3.2 根据热点裂变话题 ...... 80

## 第4章 从零开始教你写笔记

### 4.1 "爆款"标题 ...... 83
- 4.1.1 标题内容——体现关键词 ...... 83
- 4.1.2 写作方法——掌握5个技巧 ...... 84
- 4.1.3 使用符号——吸引读者注意力 ...... 87
- 4.1.4 使用数字——敏感度更高 ...... 88

### 4.2 图片的设置 ...... 88

4.2.1 设置要求——了解要求是前提 ......... 88
4.2.2 首图选择——要体现重点信息 ......... 90
4.2.3 封面图——应美观精致 ......... 90
4.2.4 图片对比——增强直观性 ......... 93
4.2.5 个性化——做出区分更易被记住 ......... 93
4.2.6 传递干货——更受用户欢迎 ......... 95
4.2.7 体现真实——过度美化会被吐槽 ......... 98

## 4.3 笔记内容生产 ......... 98
4.3.1 内容来源——UGC和PGC ......... 98
4.3.2 内容加工——从选题方向入手 ......... 99
4.3.3 内容专题——专题策划 ......... 99

## 4.4 视频笔记 ......... 100
4.4.1 设置——小红书视频的上传步骤 .... 100
4.4.2 方向——3种热门视频内容创作 ..... 107
4.4.3 制作——短视频剪辑加工的技巧 ... 110

## 4.5 其他设置也很关键 ......... 112
4.5.1 推送时间——掌握24小时法则 ......... 113
4.5.2 添加位置——增加笔记曝光率 ......... 113

# 第 5 章
# 运营好小红书，图片是关键

## 5.1 图片处理工具——功能强大，一应俱全 ......... 116
5.1.1 美图秀秀 ......... 116
5.1.2 PicsArt美易照片编辑 ......... 127

## 5.2 图片美化工具——滤镜调色，应有尽有 ......... 130
5.2.1 醒图 ......... 130
5.2.2 泼辣 ......... 134
5.2.3 Snapseed ......... 138
5.2.4 VSCO ......... 142
5.2.5 Foodie ......... 145

# 第 6 章
# 快速上手视频制作

## 6.1 剪映——全能易用的视频软件 ......... 151
6.1.1 为视频打造漫画效果 ......... 151
6.1.2 完成电影遮幅效果 ......... 153
6.1.3 用背景音乐点亮视频 ......... 154
6.1.4 添加字幕 ......... 156
6.1.5 让字幕"开口说话" ......... 158
6.1.6 加入开场效果 ......... 159
6.1.7 轻松制作分屏视频 ......... 163
6.1.8 简单搞定视频调色 ......... 165

## 6.2 InShot——免费高清的视频编辑器 .... 167
6.2.1 为视频添加背景 ......... 167
6.2.2 编辑简单的"带货"视频 ......... 168
6.2.3 在测评笔记中插入说明图片 ......... 171
6.2.4 制作流畅的视频转场 ......... 173

# 第 7 章
# 直播这么火，小红书也能做

**7.1 直播的三大特征** ...... 176
    7.1.1 互动性 ...... 176
    7.1.2 实时性 ...... 176
    7.1.3 个性化 ...... 176

**7.2 直播的基本流程** ...... 177
    7.2.1 直播前的准备 ...... 177
    7.2.2 直播内容准备 ...... 180
    7.2.3 直播后总结笔记 ...... 183

**7.3 小红书直播预告** ...... 184
    7.3.1 预告时间 ...... 185
    7.3.2 预告福利 ...... 185
    7.3.3 产品预告 ...... 185
    7.3.4 预告直播内容 ...... 185

**7.4 小红书直播的特点** ...... 185
    7.4.1 小红书直播和其他直播平台的区别 ...... 186
    7.4.2 如何增加小红书直播间的观看人数 ...... 189
    7.4.3 直播间的注意事项 ...... 192

# 第 8 章
# 小红书的推广策略

**8.1 了解推广的前提** ...... 197
    8.1.1 利用小红书推广的优势 ...... 197
    8.1.2 先做社群，再做电商 ...... 204
    8.1.3 基于UGC模式产生更舒服的社交体验 ...... 211

**8.2 推广指南大揭秘** ...... 214
    8.2.1 成为优质KOL ...... 214
    8.2.2 专业的甲方很重要 ...... 216

# 第 9 章
# 小红书运营变现，你知道多少

**9.1 小红书运营者的思维** ...... 218
    9.1.1 小红书与微博、朋友圈的区别 ...... 218
    9.1.2 小红书需要什么样的内容 ...... 222
    9.1.3 3个步骤完成思维转变 ...... 225

**9.2 引流的小技巧** ...... 226
    9.2.1 评论私信引流 ...... 226
    9.2.2 利用简介引流 ...... 229
    9.2.3 个人品牌词引流 ...... 229

**9.3 变现的途径** ...... 234
    9.3.1 成为品牌合作人 ...... 234
    9.3.2 经营个人号 ...... 236
    9.3.3 投放笔记推广 ...... 238
    9.3.4 直播 ...... 239

# 第 1 章

# 初识小红书

小红书是现下许多年轻人青睐的平台。小红书以"标记我的生活"为口号，号召大家分享生活和发现世界。小红书上的创作者会在平台上发布大量的美妆穿搭教程、旅游攻略、美食、健身日常等笔记，为用户在互联网中塑造了一个真实、向上、多元的世界。

本章主要介绍小红书的基本信息和基本操作，以便读者了解小红书，更好地使用这款App。

## 1.1 小红书的魅力在哪里

小红书是现今十分热门的信息分享平台，也是大多数年轻人喜爱的一款软件，尤其深受年轻女性的青睐。不少年轻女性会在这款App上分享自己的美妆、穿搭心得，推荐好物。随着注册用户的增多，小红书也不再满足于仅作为一款分享型社交软件，于是引入了电商模式，成为一个全新的、以女性为主要用户的内容平台。这样的转变，不仅吸引了更多用户加入，还吸引了一些商家和品牌入驻。

女性消费者是诸多产品的购买主力军，其不但在服装、美妆等方面的投入较多，在家用快消品、科技产品上的消费也不少。女性消费者往往对美更加敏感，对生活品位的要求更高，小红书恰恰抓住了这一点。换言之，小红书弥补了其他社交软件和电商平台对女性没有给予过的"偏爱"。

### 1.1.1 前世今生——了解它的发展历程

小红书的诞生源于两位创始人简单的喜好——毛文超爱旅行、瞿芳爱海外购物。当时海外购物信息在我国互联网上还存在着大片的空白，年轻消费者虽然对美好事物充满了期待，可网上的旅游攻略和购物信息五花八门、参差不齐，这促使毛文超和瞿芳产生了一个全新的构想——打造一个有内容的社区，做一个分享信息的平台。

于是，在2013年，小红书诞生了。小红书最初的产品形态是一份PDF文件——《小红书出境购物攻略》，这份文件被放在网站上供用户下载、查看。短短一个月时间，这份文件就被下载了50万次。

这份流量也使小红书顺利获得了第一批用户，这些用户在小红书上与陌生人分享和交流自己用真金白银"砸"出来的海外购物心得，包括每个产品的细节，如品牌、包装、价格、购买地点、使用体验等。在2013年年末购物浪潮到来之际，小红书依靠干货满满的内容，完成了种子用户积累。

### 1.1.2 商业价值——"社交+电商"模式

小红书仅用一年时间就成了行业内专业的海外购物分享社区，凭借高质量的内容，小红书精确地吸引了越来越多的高黏性用户加入。小红书中的内容不但成为用户在海外购物时的指南，也成为很多用户在线下门店和其他电商平台购物时的参考对象。很多品牌主希望能与小红书合作投放广告，但小红书创始人团队为了不破坏用户体验，选择了一条更符合用户需求的道路——电商。

小红书的运营模式比较简单，主要以UGC（User Generated Content，用户生成内容）为主，即笔记发布者负责"种草"，用户选择接受与否的简单模式。

为了内容与品牌的聚焦，以及更好地在用户心目中建立专业认知，小红书在创业早期采取的是专注海外购物分享的策略。在海外购物分享模块完善后，小红书基于用户对其他生活领域信息的需求，引入千人千面的算法推荐机制。

从单一的海外购物信息分享拓展到美食、旅行、学习、育儿及健身等各类生活内容分享，小红书吸引了众多名人入驻，营造了良好、活跃的社区氛围。普通用户也可以通过小红书直接和名人互动，这使得小红书实现了新一轮的用户爆发式增长。

## 1.1.3 平台规模——3亿用户的社区电商平台

现今，小红书已经悄然成为一大热门电商平台，创始人瞿芳透露，截至2019年7月，小红书注册用户量超过3亿，男女比例为1∶9，是我国女性用户占比较大的社交平台。2019年10月，小红书月活跃用户数已经超过1亿。2020年1月，胡润研究院发布《2019胡润中国500强民营企业》，小红书以市值200亿元位列第367位。时至今日，小红书仍然在高速发展，不断拓展平台规模。

小红书的活跃用户群是一二线城市的"90后"女性。年轻人极强的购买欲、分享欲与小红书的口号"标记我的生活"十分契合，这样忠实的高质量用户群也是小红书尤为在意和重视的。为了维护现有用户的利益，也为了保证社区用户都是"真实"的消费用户，小红书创建了比其他App更加严格的审核机制，用扣分系统将不真实的购物体验隐藏起来。

从专注于海外购物信息分享的发展初期，到结合电商模式运营的当下，小红书始终坚持对内容质量的高要求，通过严苛的内容筛选增强用户对小红书的信任感与依赖程度，让小红书得以在几年的时间里迅速发展。

# 1.2 小红书的基本操作方法

小红书是目前十分热门的一个"种草"平台，在小红书上发布笔记的操作简单，且发布后的笔记是直面用户的。本节将介绍小红书的基本操作方法，以便读者对小红书有一个全面的认识和了解。

## 1.2.1 页面——这些功能具体怎么用

在正式开始运营账号之前，运营者首先需要认识小红书，熟悉平台的基本功能和操作方法。本小节就小红书的页面布局进行详细介绍。

进入小红书，默认展示"发现"分类页面，下滑页面即可看到其他的笔记内容。小红书底部任务栏有"首页""商城""+""消息""我"5个版块，如图1-1所示。接下来将一一介绍各版块。

第 1 章 初识小红书

图1-1 主界面

## 1. 首页

"首页"页面的顶端有"关注""发现""同城"等3个分类,如图1-2所示。3个分类的右侧还有一个搜索框,用户使用搜索框可以快速、准确地找到特定内容。

图1-2 首页

用户关注的博主消息会统一显示在首页的"关注"分类页面中,每一条笔记都包含作者信息、笔记描述,笔记右下角还有点赞、收藏、评论的快捷按钮,如图1-3所示。

用户打开小红书后,看到的是首页的"发现"分类页面,从中可以看到小红书默认推送的内容,如图1-4所示。系统会根据用户的喜好,推荐给用户可能感兴趣的内容。

11

图1-3 "关注"页面　　　　图1-4 "发现"页面

"同城"分类页面体现了小红书的社交功能。定位用户所在的城市后,小红书会自动推送同城的人发布的内容,如图1-5所示。

图1-5 "同城"页面

### 2. 商城

如果说"首页"体现了小红书"社交+电商"模式中的"社交",那么"商城"体现的就是小红书转型升级后的"电商"。小红书的商城在分类与功能上同其他购物网站类似,但更侧重于护肤、母婴、家居等以女性为主要购买群体的商品,如图1-6所示。

第 1 章 初识小红书

图1-6 商城

小红书的商城优势明显，用户如果在首页发现了需要购买的商品，可以直接进入商城搜索并购买，免去了切换平台的麻烦。在首页中"种草"的商品与商城建立连接，紧密结合，从侧面提升了产品的曝光率。

### 3. 消息

运营者发布笔记或视频所获得的"赞和收藏""新增关注""评论和@"，可以在"消息"页面中点开对应图标查看，如图1-7所示。

图1-7 "消息"页面

13

## 4. 我

"我"页面汇总了用户信息，包括个人资料、基本信息、发布、收藏和赞过的笔记。点击右上角的箭头图标可以将自己的小红书主页分享到其他平台进行引流，如图1-8所示。

图1-8 "我"页面

如果在小红书中看到了精彩、有趣的笔记，用户可以收藏或点赞，之后想翻看和学习的时候就可以直接进入"我"页面中的"收藏"或"赞过"页面找到该笔记，如图1-9所示。"收藏"和"赞过"不仅方便用户反复查看笔记，还能给创作者带来额外的流量。

图1-9 "收藏"及"赞过"页面

在"我"页面中，可以查看并修改头像、名字、个人简介、背景图等内容。接下来将为大家介绍设置账号的具体操作方法。

**步骤01** 点击小红书"我"页面中的"编辑资料"按钮,可以对资料进行设置。图1-10所示为"编辑资料"页面。

图1-10 "编辑资料"页面

**步骤02** 点击"名字""小红书号""个人简介"等选项即可对资料进行修改。修改页面有相关要求的提示,如图1-11所示。

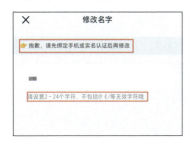 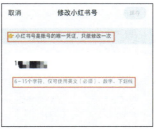 

图1-11 修改个人信息

## 5. 搜索框

小红书首页的另一个功能——搜索,是大多数人比较关心的功能。使用搜索功能能够根据自己的需求快速定位内容,如图1-12所示。点击搜索按钮"Q"即可出现搜索框。

图1-12 搜索功能

搜索框的位置并不显眼,但它大有用处。利用搜索框可以搜到关键词的相关内容。例如,在搜索框内输入"西红柿",即可搜到与西红柿相关的笔记,如图1-13所示。

图1-13 搜索框

除此之外,搜索页面还会显示搜索"历史记录",同时也能清空"历史记录"。根据用户的搜索记录和浏览习惯,小红书设计了"搜索发现"的功能,推送给用户可能感兴趣的内容,如图1-14所示。

图1-14 "搜索发现"功能

完善个人信息对于增加账号权重、提升用户等级也有不小的作用。小红书以"标记我的生活"为口号,意在让用户展现真实而鲜活的生活。分享生活气息浓郁的日常、使用真实的头像乃至填写真实的信息,都是平台希望看到的。因此,平台在设计账号等级的提升机制时,也会根据这些因素进行考量。

选择小红书,就是选择写分享型文章。用户通过笔记分享购物心得,展现更为完整的用户体验,再结合"用户向用户分享"这一分享形式,最终形成小红书独特的"种草"模式。

## 1.2.2 发布——如何发布第一篇笔记

小红书的笔记有"短视频+文字"的形式即视频笔记;也有"图片+文字"的形式即图文笔记,且视频和图片都位于文字上方。图1-15所示为图文笔记,图1-16所示为视频笔记。

第 1 章 初识小红书

图1-15 图文笔记

图1-16 视频笔记

在小红书发布笔记时,视频和图片都要足够引人注目,才能在第一时间吸引到用户。新手在发布笔记时具体应该怎样操作呢?接下来将详细介绍。

### 1. 发布视频

完善小红书账号的基本信息并对小红书的页面布局有了基本了解后,就可以发布笔记了。接下来具体介绍发布视频笔记的相关步骤。

**步骤01** 点击底部任务栏中的"+"按钮,可以直接拍摄视频,也可以从手机相册中选择视频,如图1-17所示。

图1-17 选择视频

**步骤02** 选择视频后,可以对视频进行简单编辑,如图1-18所示。

17

图1-18 编辑视频

通过视频编辑界面中的功能按钮对视频进行编辑操作，能使效果更加生动。下面介绍视频编辑界面中的各功能按钮。

**音乐**♫：在小红书中可以为视频配背景音乐。可以选择小红书推荐的音乐，也可以在收藏夹中选择音乐，如图1-19所示。

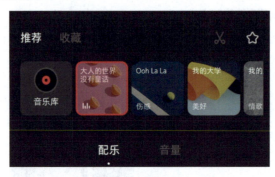

图1-19 添加背景音乐

**滤镜**🎞：各短视频App都提供了大量的滤镜，但在这些滤镜面前，不少新手都会触发"选择困难综合征"。其实可以根据拍摄对象来选择滤镜，在小红书中主要有"自拍""假日""食欲""旅行""探店""星芒""穿搭""电影""印象""动态"等10类滤镜，如图1-20所示。

在滤镜功能界面中，除了"滤镜"还有"美颜"，大部分短视频以人为主体进行拍摄，自然少不了美颜功能。适当地美颜可以减少面部瑕疵，让视频看起来更加完美、和谐。小红书的美颜功能主要有"磨皮""大眼""瘦脸""美白"等，如图1-21所示。

第 1 章 初识小红书

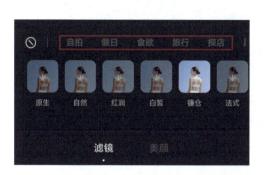

图1-20 添加滤镜　　　　　　　　图1-21 "美颜"功能

**文字**：可在视频中添加字幕，输入文字即可将其放在视频的任意位置，还可以对文字进行"花字"和"样式"上的设计，如图1-22和图1-23所示。

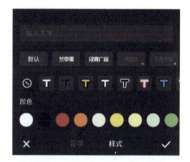

图1-22 选择花字类型　　　　　　图1-23 文字的样式设计

**贴纸**："贴纸"功能用于在视频中添加贴纸图案，可以将喜欢的贴纸图案放在视频中的任意位置，如图1-24所示。

图1-24 添加贴纸

**画布**：在小红书中可以用添加画布的方式更换视频尺寸，还可以自由调节画布尺寸、颜色，以及选择是否将视频铺满画布，如图1-25所示。

19

图1-25 添加画布

**剪辑**：点击"剪辑"按钮,可以将视频分割为不同片段。将时间轴拖到需要分割的位置,然后点击"分割"按钮即可,如图1-26所示。将视频分割为独立的片段后,可以单独对片段进行操作,如图1-27所示。

图1-26 分割视频片段　　　　图1-27 处理视频片段

**删除**：如果在编辑过程中对某个素材效果不满意,可以将素材删除。删除的方式有两种：第一种方式是点击"撤销"按钮,即可撤销上一步操作,达到删除素材的目的；第二种方式是点击编辑界面底部的"删除"按钮,即可将选中的素材删除,如图1-28所示。

图1-28 删除素材

变速 ◐：在编辑视频时，片段的播放速度是可以自由调节的。通过调节可以将视频片段的播放速度加快或者减慢，如图1-29所示。

图1-29　变速

音乐 ♫：如果需要关闭视频的原声，将"音乐"中的"原声"调到最小即可，如图1-30所示。

图1-30　静音

步骤03　编辑好视频后，点击"下一步"按钮，如图1-31所示。

步骤04　在笔记编辑界面输入标题和正文内容，添加讨论量高且与内容相吻合的话题，这会让内容更容易被其他用户看到。添加地点后，视频会被推送给同城的人，以增大曝光率，如图1-32所示。

1-32　添加话题与地点

图1-31　编辑完毕图

以上即为在小红书平台发布视频的相关步骤，小红书只提供一些基础的视频剪辑功能，在本书后面的章节中，会详细介绍更多短视频的制作方法。

## 2. 发布图片

在小红书平台不仅可以发布视频，还可以发布图片，数量为1~9张。接下来将具体介绍发布图片的步骤。

**步骤01** 添加图片的方法和添加视频的方法一致，可以直接拍摄，也可以从相册中选择，此处不再赘述。

**步骤02** 添加图片后，点击"调整"按钮即可放大或缩小图片，以选取有效的图片区域，如图1-33所示。在图片编辑界面可以再次对图片的尺寸进行调整，如图1-34所示。

图1-33　调整图片大小图　　　图1-34　编辑图片尺寸

**步骤03** 调整好图片尺寸后，即可对图片进行编辑，图1-35所示为"滤镜""音乐""标签""文字""贴纸""边框"6个功能。

图1-35　编辑图片

**步骤04** 从前面的介绍中读者已经知道，在视频编辑界面可以裁剪视频和添加文字，而在图片编辑界面可以为图片添加标签。小红书中的标签种类繁多，不但有常见的地点、时间和天气的打卡标签，还有类似个人水印的个人标签，产品的品牌标签，标记日常生活的影视标签、语音标签等。标签分类非常细致，能让读者快速找到笔记重点，这也是小红书独特的创新之处，如图1-36所示。

第 1 章 初识小红书

图1-36 添加标签

**步骤05** 编辑完成后点击"下一步"按钮,如图1-37所示。进入发布界面后的操作同"发布视频"中的最后一步相同,此处不再赘述。

图1-37 编辑完成

## 1.2.3 评论——说点什么

评论区是读者与作者进行交流的地方,将自己想要咨询的问题或想要表达的想法写在评论区,作者或其他读者也会与你互动。如果在评论区看到自己赞同的、也想表达的观点,可以点亮评论右侧的爱心或进行评论,表示认同,如图1-38所示。

除了点赞和评论,分享也是对笔记内容表示认同的良好方式之一。其一,分享是社交形式之一,能够促进用户间的友好交流;其二,在小红书中善用分享功能也可以提升自己的人气。

23

图1-38 点赞和评论功能

## 1.2.4 算法——系统会推送什么内容

小红书中有各种类型的快消品商家和品牌的推广营销笔记，也有普通用户发布的笔记，但其质量参差不齐，热度也有差异。很多商家也会苦恼为什么自己做得不如其他品牌好，为什么投入多效果却不好。本小节将为大家具体介绍小红书的推荐算法，希望能帮助大家消除疑虑。

### 1. 小红书的目标用户是谁

集中在一二线城市、追求精致生活的年轻女性是小红书的主要用户群体，她们有时间，对新鲜事物也抱有好奇心，因此小红书平台为这些喜欢购物的女性推出了彩妆、护肤、时尚穿搭等话题。

随着平台规模越来越大，小红书根据平台用户和内容数据分析，对话题进行了调整。用户需要在进入小红书页面前选择感兴趣的版块，如图1-39所示。在众多领域中，彩妆、护肤、时尚穿搭等仍然是讨论最多、流量最大的版块。由此可见，运营者发布目标用户感兴趣的内容才更容易获得推荐。

图1-39 感兴趣的内容

## 2. 系统不会推送什么样的内容

知道了小红书的目标用户后，运营者还需要了解哪些操作是违规的，不违反平台规则才能走得更远。

### （1）含有其他平台水印、信息的图片或广告

笔记中如果存在含有其他平台水印、信息的图片或广告内容（如发布淘宝优惠券或带有京东图片水印的图片、文案中夹杂店铺链接等），不会审核通过，因为这是一种给其他平台引流的行为。如果电商平台之间没有合作，这些夹带广告的笔记都会被系统归为垃圾信息。

### （2）令人不适或内容不健康的封面

笔记封面如果令人感到不适或内容不健康，也会被系统自动屏蔽。例如，美妆护肤区中令人感到不适的瑕疵皮肤特写，带有辱骂意味的文字、烟草、未经国家许可推广的药品、医美产品，包含性暗示的图片与话语等。

图1-40所示为《小红书社区规范》，在正式运营账号之前，运营者务必要仔细阅读该规范，避免出现会被平台算法精准屏蔽的行为，否则发布的笔记不仅不能被成功推送给用户，运营者还会被降低账号的权重，也就无法达到与人分享的目的了。

图1-40 《小红书社区规范》

## 3. 写什么样的笔记才能受平台和用户欢迎

热度高、排名靠前的笔记，往往具备一些共同特征，这些特征恰恰是值得我们学习、借鉴的。接下来将从四个方面具体介绍受平台和用户欢迎的笔记。

### （1）涵盖热点关键词

高阅读量来自高曝光率，吸引用户阅读笔记的前提是让用户能够搜索到这篇笔记。因此，在创作笔记时，可以先观察一下近期的热点关键词，并尽可能合理地将其加入笔记，使笔记更容易被用户搜索出来。不过，如果为了获得高阅读量，过度地使用热点关键词，反而会让笔记失去重点，降低笔记的内容质量，严重影响用户的阅读体验。

（2）内容翔实

想让笔记更受欢迎，就务必要抓住用户的心。一篇内容详细、实用的优质笔记能够帮助用户在阅读时以最少的时间获得最多的信息，让用户感受到笔记"干货满满"、自己收获良多，从而心甘情愿地点赞、收藏甚至关注，为提升排名积攒热度。

以穿搭话题为例，图1-41所示为某穿搭账号发布的秋日通勤穿搭相关内容。在这篇图文笔记中，每一张图片都清楚地标注了每一件单品的购买渠道和价格，文案中也对分享的穿搭内容进行了简单又不失细致的分析，用户在阅读笔记的过程中不仅能够学到一些搭配技巧，还有可能喜欢上这些单品，并通过笔记中标注的渠道去购买。这就达到了引流的效果，有利于流量变现。

图1-41　穿搭笔记示例

（3）排版美观

统一的图片模板能够提升笔记的专业度和信服力，使用户更愿意点开笔记进行阅读和推荐。而简洁美观的文案排版不仅能使呈现的内容清晰明了，也更便于用户接收信息。阅读体验的提升，使用户更愿意继续阅读笔记。整体的排版就像一块招牌，能直观地体现出笔记乃至账号本身的专业程度和审美水平。有趣、独特的设计还能提高账号的辨识度。

（4）高互动

互动数据直观地体现了用户对账号的喜好程度，高互动的笔记或账号更容易获得平台的优先推荐。同时，评论区的互动也能够为笔记带来更高的热度和权重，尤其是和一些本身权重就比较高的优质粉丝互动，能够十分显著地提升笔记的热度和账号的质量，使笔记更容易被其他用户看到，甚至获得平台的推送。并且，及时的回复有利于自身形象的塑造和粉丝黏性的增强，对账号的长期运营有帮助。

但也需要警惕一些恶意刷评、刷赞的行为，这会被平台鉴定为恶意竞争，降低账号的权重，甚至导致账号被屏蔽，得不偿失。

# 第 2 章
# 极速畅玩小红书

小红书的玩法相当简单,但想真正将其玩好,就需要充分了解小红书的注册机制、基础玩法等。本章从小红书的基础玩法讲起,详细介绍怎样成为一名合格的"小红薯"(小红书用户的代称)。

## 2.1 下载注册得这样做

要想畅玩小红书，下载注册是第一步。本节将从初次登录、身份认证、功能申请等3个方面进行具体介绍，希望可以帮助读者更加深入地了解小红书。

### 2.1.1 初次登录——4种方法任你选

打开小红书App，如果不注册登录，是无法进入小红书首页的。那么，如何正式成为"小红薯"呢？接下来以手机号码登录注册为例进行介绍。

**步骤01** 打开小红书App即可进入登录界面，如图2-1所示。

图2-1 登录界面

**步骤02** 在登录界面"号码"栏输入自己的手机号码并点击"获取验证码"，界面提示"60s"内输入验证码，等待短信并输入验证码即可，如图2-2所示。注意：号码最好为身份证注册的常用或专用号码。

图2-2 手机号码登录

**步骤03** 如果60s内未能成功输入验证码或号码、验证码输入错误，则登录失败。此时只需要在确认号码正确后点击"重新发送"即可。若依然无法登录，可点击"登录遇到问题？"查询解决办法，如图2-3所示。

图2-3　查询解决办法

除了手机号码登录，登录界面还提供了其他3种登录方式，即微信、QQ和微博登录。以微信登录为例，只需要点击相应图标获取权限并点击"同意"按钮，即可跳转至小红书首页，如图2-4所示。值得一提的是，即使使用其他登录方式，小红书依然会提示是否需要绑定手机号码，由此看来，系统比较认可的登录方式是通过手机号码登录，因为这样信息真实度更高。

图2-4　其他登录方式

## 2.1.2 身份认证——3种身份等你认证

如果觉得只设置一个固有密码不够保险,"小红薯"们还可以再添加一道"保护锁"——实名认证。通常情况下,特殊原因导致的异常登录可以向系统后台申诉,用户有一定的概率可以寻回账号;但在没有绑定个人真实信息的情况下,即便是系统后台也无法有效确定账号的归属。而一旦通过了实名认证,就相当于一人一号,只要用户向系统后台提交个人身份证明,在没有违规的前提下必然可以寻回账号。

在小红书中一共有3种身份认证方式,分别是个人认证、机构认证和企业认证。接下来将详细介绍3种身份的认证方法。

### 1. 个人认证

对于普通用户来说,大多数都会选择个人认证,认证的具体方法如下。

**步骤01** 点击"设置"页面的"账号与安全",即可在"账号与安全"页面中找到"身份认证"一栏,如图2-5所示。

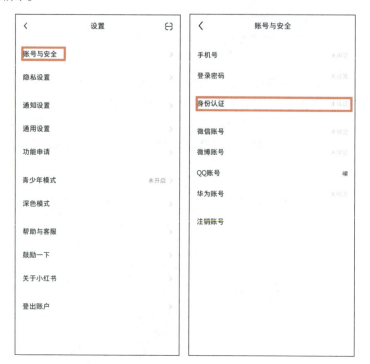

图2-5 "身份认证"入口

**步骤02** 进入"身份认证"页面后,点击"个人认证"即可进入"个人认证"页面,此时为"未认证"状态,如图2-6所示。点击进入"个人实名认证"页面。

图2-6 "个人实名认证"入口

步骤03 在"个人实名认证"页面，要根据自己的真实情况填写相关资料，如在"真实姓名"一栏中填写姓名（最好为注册人或运营者），在"身份证号"一栏中填写对应的有效的证件号码，如431229××××××××××。确认无误后，勾选"我同意《实名认证协议》"并点击下方"提交"按钮，如图2-7所示。

步骤04 提交完成后，大约在3个工作日内即可收到反馈，如图2-8所示。

图2-7 "个人实名认证"页面

图2-8 提交认证

## 2. 机构认证

第二种认证方式为机构认证，进入认证页面的方法与个人认证相同，此处不再赘述。进入"机构身份认证"页面后，根据页面提示填写资料即可，如图2-9所示。

图2-9 "机构身份认证"页面

## 3. 企业认证

第三种认证方式为企业认证,企业认证完成后,可以在小红书中拥有专属ID。但是,认证企业号需要缴纳600元的认证费用,且无论认证是否通过都不予退还,如图2-10所示。具体步骤如下。

**步骤01** 进入"企业号认证"页面,点击"立即申请"按钮,如图2-11所示。

图2-10 注意事项　　　　　图2-11 "企业号认证"申请

**步骤02** 根据提示填写资料,然后点击"提交"按钮等待平台审核即可,如图2-12所示。

第 2 章 极速畅玩小红书

图 2-12 "企业号认证"页面

## 2.1.3 功能申请——3个功能助你变现

账号运营的最终目的是变现。在小红书平台可以通过3个功能来实现变现，即品牌合作、开通直播、好物推荐，如图2-13所示。点击"设置"页面的"功能申请"按钮即可进入"功能申请"页面。接下来将为大家具体介绍这3个功能。

图 2-13 小红书的3个变现功能

### 1. 品牌合作

很多运营者都会在小红书上进行产品介绍和使用情况分享，品牌合作也是通过笔记分享的形式进行品牌推广。不同的是，在品牌合作中，运营者只需提前向小红书平台报备，就可以进行特定产品的推广营销，运营者也能从品牌方处获取报酬。

图2-14所示为"品牌合作申请"页面，运营者可以从"设置—功能申请—品牌合作"进入该页面。可以看到，运营者不仅能够获取更加详细的笔记数据，还能通过接广告获得收益和更多的合作机会。但申请品牌合作也有一定的门槛，需符合"完成实名认证"和"粉丝数≥5000"两项硬性指标。

33

图2-14 "品牌合作申请"页面

## 2. 开通直播

直播吸引了众多资本的关注,许多平台纷纷加入直播行业,小红书也不例外。小红书本身就具有强大的信息分享和信息变现能力,与许多品牌都有密切的合作,还设置了自己的线上商城(见图2-15),能够和直播形成良好的组合效应,吸引更多流量。

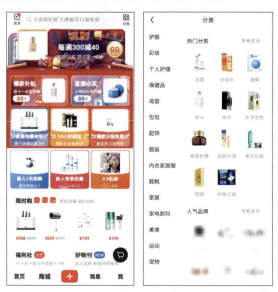

图2-15 小红书商城

开通直播的要求是完成身份证实名认证、年满18周岁、绑定手机号,如图2-16所示。小红书对主播设置的门槛其实不算高,但能否通过直播获取收益,能获取多少收益,就取决于主播自身的引流能力和"带货"能力了。

第 2 章 极速畅玩小红书

图2-16 开通直播

## 3. 好物推荐

好物推荐就是在笔记或者直播间内嵌入合作商品信息的功能。被嵌入的商品信息页面称为"商品卡片",当有用户通过运营者发布的商品卡片进入商品详情页或店铺,并在7日内购买参与好物推荐项目的商品且无退货情况时,平台将向运营者支付服务费用。申请开通好物推荐功能也必须通过实名认证,并且"粉丝数≥1000",如图2-17所示。

图2-17 好物推荐

35

## 2.2 了解小红书的平台机制

当创建了自己的账号、熟悉了小红书的基础功能后,运营者仍然有许多需要解答的问题:什么样的笔记才能获得更靠前的排名,如何提高账号权重,等等。这些问题都体现了一个共同的核心问题:小红书的平台机制是怎样的?接下来将从笔记排名、账号权重、笔记权重3个方面进行分析。

### 2.2.1 什么是笔记排名

简单来说,笔记排名就是当用户搜索对应的关键词时,在搜索结果页中显示的笔记排序。例如,当用户在搜索框内输入关键词"书店",点击搜索后就会跳转到结果页,为用户呈现出经过系统自动筛选和排序的笔记,如图2-18所示。笔记排名越靠前,被读者点开的可能性就越大,从而提高笔记的阅读量、点赞数、收藏数和评论数等;热度上升,又反过来推动排名上升,形成一个稳定的良性循环。

图2-18 搜索结果页

截至2019年7月,小红书注册用户超过3亿,是目前国内相当热门的信息分享平台,对于商家来说,这里蕴藏着庞大的客源需求和等待变现的巨大流量。想让这个庞大的用户群真正发挥作用,提高产品的曝光率是先决条件。正因为如此,如何使笔记排名靠前成了运营者的一堂必修课。下面从4个维度分析小红书的笔记排名机制。

**1. 关键词密度**

运营者在撰写笔记前,需要确定一个关键词,而且这个关键词应当是用户经常搜索的热门词。接下来的内容撰写就围绕着该关键词进行,在不偏离主题的情况下,运营者最好适当地重复使用关键词，提高它在笔记中的密度，使笔记更容易被系统捕捉并推送，从而提高笔记的排名。

图2-19所示为"栗子蒙布朗"搜索结果页中排名第一的图文笔记。可以看到，在该笔记的正文中，"蒙布朗"这一关键词重复出现了4次，而"栗子"这一关键词的重复次数达到10次，用户在搜索这两个关键词时，很容易就能搜到这篇笔记。不过，关键词的出现次数要结合笔记的篇幅进行考量，如一篇250~300字的笔记，关键词重复出现3~4次为宜。

图2-19　关键词密度笔记示例

### 2. 笔记质量

有些运营者认为，笔记的推送量重于质，只要坚持发布笔记，即使每篇笔记质量都一般，长期坚持下来也能获得一些热度。这种想法大错特错。推送的目的是打造口碑和吸引流量，无论运营者想要的是口碑还是流量，都需要依靠优质内容。

对笔记质量保持高要求，其实也是在提升账号的核心竞争力。在小红书，如果笔记质量高，哪怕经过了很长时间，也能够不断地收到点赞、收藏或评论。长期的竞争就如同一块试金石，只有高质量的笔记才能够持续地积累热度，不断提升笔记排名。

不过，笔记质量的提升不是一蹴而就的，在长期的创作中，运营者会不断积累创作经验，吸取教训，进而创作出更加优质的笔记。优质笔记的"优"可以体现在很多方面，如笔记内容详尽精彩、图片或视频用心精致、文案表述清晰精准，诸如此类。影响笔记质量的核心在于干货的丰盈程度与对用户需求的把握程度，而这些都需要运营者在运营过程中坚持不懈地进行分析、反思和探究。

### 3. 笔记的互动数据

笔记的互动数据包括但不限于笔记的阅读量、点赞数、收藏数、评论数。笔记的互动数据不仅是笔记受欢迎程度的直观体现，还侧面反映了笔记的质量。用户在搜索笔记时，可以根据信息获取的需求，在结果页搜索框下方的工具栏设置笔记排名的依据。可选择的排序方式有综合排序、热度排序和发布时间排序3种，如图2-20所示。用户点击"最热"按钮即可使搜索结果中的笔记按热度从高到低排序。这时，笔记的互动数据越好，排名就越靠前。

图2-20 笔记排序设置

**4. 笔记发布后的黄金时期**

值得一提的是，笔记在发布后的18~24小时，如果点赞数与收藏数达到一定数量，将被平台自动判定为优质笔记，进而获得优先推荐的机会。这段时期就是笔记发布后的黄金时期，它体现了平台对成长期账号的友好扶持。因此，运营者若能抓住这个黄金时期，实现热度的集中快速增长，就能够为笔记获得一个极好的推广机会，打破累积时间的壁垒，获得与沉淀时间更长、粉丝与热度积累更丰富的"老账号"一决高下的机会。

## 2.2.2 笔记排名的意义

小红书作为时下相当热门的"种草神器"，汇聚了美妆穿搭教程、旅游攻略、美食分享、健身日记等海量笔记，这些繁复的信息都通过笔记排名的机制自动分类和排序，工作量十分庞大。那么笔记排名的意义究竟是什么呢？答案大致可以总结为以下3点。

**1. 内容精准推送**

小红书作为当前热门的消费推荐平台，每天都会诞生大量笔记，而笔记排名可以将这些五花八门、数以万计的笔记分门别类，划分至无数个搜索关键词的榜单中，使笔记清晰明了地呈现在用户面前。而且，笔记排名以其智能化的算法为用户过滤了低质量、缺乏参考性的内容，再依照相关度和推荐度自动筛选排列，因而节省了逐一浏览所花费的时间成本。简单来说，笔记排名能够帮助用户快速获取所需信息，在很大程度上优化了使用体验。

对于运营者而言，笔记排名则为有效用户的筛选提供了帮助。热门搜索词直接体现了用户的迫切需求，而运营者在平台发布的每一篇笔记，更是一次次精准的市场调查。运营者可以对笔记的数据进行整理和分析，进而了解市场的反馈情况。从这个角度来看，笔记排名正是平台与用户给予运营者良好的一手数据，如图2-21所示。

### 2. 考量的窗口

从商业合作的角度出发，笔记排名为品牌方提供了一个官方排名，直观地展现出KOL（Key Opinion Leader，关键意见领袖）的影响力，帮助他们考量这些KOL的受欢迎程度、专业度等指标，以此作为品牌方挑选合作对象的直接参考。

图2-21　主页笔记热度对比

### 3. 竞争的场所

有排名的地方自然就有竞争。运营者通过笔记排名可以看到自己在同领域的账号中大致处于什么水平，合理估量自己的运营情况与竞争力，发现自己的不足及独特之处，继而有的放矢地弥补短板、发挥优势，逐渐提高排名，实现账号各方面数据的提升。

图2-22所示为关键词"自习室"的搜索结果页，在该页面中，运营者可以清楚地看到各种探店笔记的数据，并查看笔记的具体内容。为了更加清楚地分析排名数据，还可以通过选择"综合""最热""最新"3种排序模式进行第一轮筛选，再通过选择"视频"或"图文"来筛选笔记的内容形式。在"视频""图文"筛选按钮的下方，系统又提供了更加详细的筛选标签，图2-22中是以地域作为筛选标准，方便运营者精准定位竞争场所，做出更具有针对性的分析及反思。

图2-22　"自习室"的搜索结果

总的来说，笔记排名为运营者提供了一个竞争的场所，让众多运营者各现本领、招数尽出，擅长做推广、宣传渠道多的账号依靠排名的快速提高获取系统推送的机会，从而获得高曝光率和热度；而习惯打磨精品内容、分享干货的账号则依靠长时间的积累逐渐提升排名。同时，平台仍然在不断优化其运行机制，一方面，力求提供更加准确的排名情况与完善的推送规则；另一方面，平台的监管机制也始终追求竞争环境的纯粹性，规避恶性竞争行为。这些都为实现更加公平有效的竞争提供了良好的保障。

## 2.2.3 账号权重规则

同样的笔记由不同的账号发出，获得的热度数据可能迥然不同，这就体现了账号的权重差异。权重高的账号更容易获得高曝光率，而相对应地，很多运营者常常表示自己发布的笔记"被限流""被屏蔽"，这些情况的出现其实意味着账号权重不够高。

利用账号权重规则，可以规避一些"刷评""刷赞"的恶意竞争行为，有助于维护平台规范运行，形成合规操作、公平竞争的良好氛围，让用户获得更优质的推送内容和更好的使用体验。总之，对于平台长期的健康运营，账号权重规则的"插手"是必不可少的。提高账号权重可以从以下5个途径着手。

### 1. 提高笔记的原创度

笔记的原创度考察的是笔记与平台上已发布笔记内容的重复程度。这就意味着，在小红书的原创判定机制下，即使笔记中的内容已经在其他平台发布过，也会被判定为原创，前提是这些内容没有在小红书中发布过。

原创度这一指标是平台鼓励创作、重视内容的体现。毕竟，小红书本质上是一个信息分享平台，信息的质量正是其灵魂，决定了平台能否走得更高、更远。

原创度越高的笔记，越能受到原创判定机制的青睐，也更容易被判定为优质笔记。而经常发布高原创度笔记的账号就会被判定为优质账号，获得更高的权重。

### 2. 培养账号的活跃度

培养账号的活跃度可以从很多方面入手，如保持良好的互动，操作时遵循平台规则，发布优质的原创内容，等等。但需要注意的是，活跃度的提高是一个循序渐进的积累过程，不能急于求成，运营者切忌为了追求高活跃度而大量地发布笔记，如一天发十几篇笔记，这样会被平台判定为恶意营销账号，导致账号权重下降。

除了发布笔记，对笔记进行整理和管理也可以起到推广效果。这就用到了小红书的一个重要功能——收藏。不要以为"收藏"只是为了让用户标记喜爱的内容，巧妙运用起来，它也可以成为运营者推广的一扇窗口。

图2-23所示为某生活分享博主的收藏夹界面，她将自己分享的内容划分成几个不同的模块，分别制作成收藏专辑，并将发布的笔记整理到对应专辑中。在这些专辑里，她不仅收藏了自己发布的笔记，还收藏了许多其他博主分享的优质内容，这样不仅提高了账号的活跃度，还提升了账号的专业度与参考价值。

图2-23 设计巧妙的"收藏"界面

## 3. 提升账号等级

用户可以在"我"的页面中头像的右侧查看自己的账号等级,同时其他用户点进运营者的主页也能看到账号等级信息,如图2-24所示。账号等级越高,权重就越高。

要提升账号等级,需要完成平台设定的任务,如图2-25所示。运营者根据各个等级的任务要求依次完成即可。账号等级的提升非一日之功,需要通过长期的维护和运营来完成。

图2-24 账号等级展示　　　　图2-25 账号等级提升的要求

### 4. 维持一定的平均热度

同一账号发布的笔记最好能够维持一定的平均热度，换言之，所发布的笔记之间的热度差距最好保持在合理的区间，不能上一篇笔记点赞数过万，紧跟着的下一篇笔记却只有十几个点赞。这种热度差距过大的情况容易被系统判定为"刷"热度，从而降低账号权重。

要规避这种情况，就要求运营者用心对待每一篇笔记，将每一次发布的内容都当作自己的一块广告牌、一面橱窗去仔细雕琢。另外，运营者也可以在发布的笔记中建立一些关联，如图2-26所示，该博主会在每一条文案的开头写上这是自制的第几件连衣裙，用户读到这句话，马上就知道该博主还做过其他连衣裙，如果用户喜欢这条笔记，就会点进主页继续浏览其他相似笔记。在这一系列的分享中，只要有一条笔记被推送给用户，其他相关笔记就会有更多机会提高曝光率。

图2-26 笔记文案技巧示例

### 5. 重视前期运营

无论是新笔记还是新账号，平台都会给予一定的权重支持，这体现了平台对新内容的一种扶持。在小红书中，发布时间较早的笔记有更长的时间来积累点赞数、收藏数和评论数等数据。同样，运营时间较长的账号也能积累到更多的粉丝。这些都是新笔记、新账号难以脱颖而出的限制性因素。但平台其实非常希望看到新鲜的内容，以此让用户保持新鲜感，也让平台永葆活力。试想，假如用户每次搜索到的都是重复的老旧内容，久而久之，他们就会对平台失去兴趣，这是平台不愿意看到的。

因此，平台会通过额外增加权重的方式给予新内容一些"特权"，优先将新内容呈现给用户。但这个"特权"并不会持续太久，如果新内容在被优先推送期间不能达到足够的热度，等到"特权"到期，权重还是会回到正常水平。

运营者要牢牢把握住前期的平台扶持机会，保证以优质的内容完成资源置换，形成权重促进热度、热度再次带动权重的良性循环。

## 2.2.4 笔记权重规则

笔记能够获得多少曝光率，能否被平台推送，这些都与笔记的权重直接挂钩。提高笔记权重需要注意以下几点。

## 1. 不含广告、引流内容

笔记中不能含有与销售、营销相关的内容，也不能直接发布微信号、手机号、二维码和网址链接等具有导流倾向的内容。图2-27所示的内容都不允许出现在笔记中，否则会被平台限流甚至封禁。

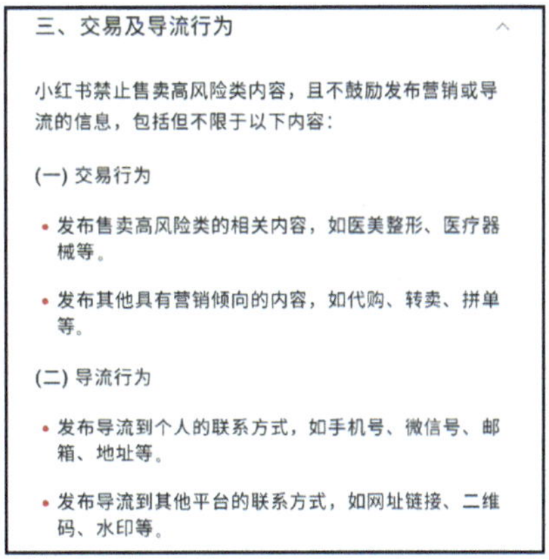
三、交易及导流行为

小红书禁止售卖高风险类内容，且不鼓励发布营销或导流的信息，包括但不限于以下内容：

(一) 交易行为

- 发布售卖高风险类的相关内容，如医美整形、医疗器械等。
- 发布其他具有营销倾向的内容，如代购、转卖、拼单等。

(二) 导流行为

- 发布导流到个人的联系方式，如手机号、微信号、邮箱、地址等。
- 发布导流到其他平台的联系方式，如网址链接、二维码、水印等。

图2-27　平台规范

## 2. 避免违禁词

笔记中如果包含违禁词，会被平台自动识别，导致限流。因此，在发布笔记前运营者最好仔细检查笔记内容，确认没有违禁词，以免降低笔记权重，甚至影响到账号的正常使用。

## 3. 适当添加话题和标签

发布笔记的时候记得添加与内容相关的热门话题，这不仅能够提高笔记的曝光率和权重，还有利于提高账号的垂直性。选择话题时要考虑话题与内容的关联度，而不是盲目地借势营销。话题的热门程度也很重要，如果话题本身不够热门，那么对提高笔记权重的帮助也就不大了。一个具有概括性的、能引起用户关心的经典话题将为笔记带来源源不断的流量，如图2-28所示。

标签可以添加在笔记配图中。适当添加标签，不仅能对图片进行灵活注解，还能使图片中一些紧扣热点的细节、精心设计的亮点更容易被用户发现。图2-29所示的笔记正是用标签将造型中的亮点一一标注，“超美发箍”和“蝎子辫”都是流行元素，“好物分享”既为这篇穿搭笔记拓展了边沿，又明确了定位，帮助运营者将笔记更加全面地展现给用户。

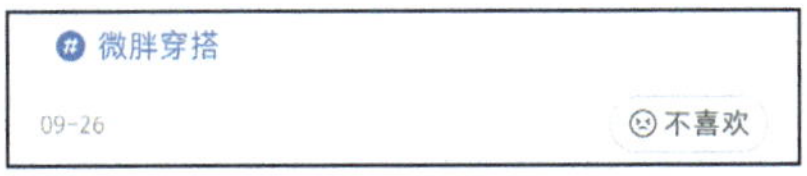


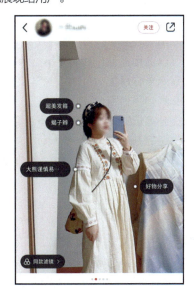

图2-28　为笔记添加话题

图2-29　为笔记添加标签

#### 4．站外流量、推荐流量、搜索流量

除了在笔记内容上下功夫，平台还有一些权重加成的机制也值得运营者加以利用。当一篇笔记发布出来后，平台会对其从多方渠道获得的流量进行考量，视具体情况分配不同的权重，这就是流量机制的运行逻辑。

简单来说，一篇笔记的引流能力越强，获得的权重就越高。根据渠道不同，笔记获得的流量可以划分为站外流量、推荐流量、搜索流量。

（1）站外流量

站外流量就是来自小红书平台以外的流量。例如，将笔记分享到朋友圈或者其他平台，如果有其他平台的用户点开查看，相对应的站外流量就会提升。

小红书的笔记可以被分享到多个平台，一方面，为账号推广提供了便利，另一方面，其实也表明了平台对引流的渴望。平台希望运营者能够利用优质的内容和高超的运营手段将外部的流量引入平台内部，为小红书吸引更多的用户，实现小红书自身用户群的扩张。这种希望直接体现在小红书的流量机制上，成为对运营者吸引外部流量的最佳鼓励。

小红书在微信上有小程序，用户在私聊窗口中收到其他用户分享的笔记，可以直接点击进入小程序阅读，也可以快速跳转到App查看，这为提升站外流量带来了很大的便捷，如图2-30所示。账号运营初期，在阅读量和曝光率都不够高的情况下，运营者可以将发布的笔记分享给亲朋好友，让他们点开阅读，增加笔记的站外流量。当然，如果运营者本身拥有其他平台的运营账号就更方便了，每次发布完笔记之后，运营者都可以使用其他平台的运营账号分享笔记，利用在其他平台积累的粉丝提升笔记的站外流量，快速提升笔记排名。

图2-30　站外分享

（2）推荐流量

推荐流量是平台推送笔记后，被用户点开查看的比例。查看的用户数量越多，推荐流量的分值就越高。小红书首页的"发现"页面中推送的笔记就是平台根据用户的兴趣和喜好智能推送的。一般来说，用户在没有明确目标的时候，就会在这个页面进行浏览，看到感兴趣的内容自然

会点开阅读。因此，推荐流量是笔记吸引力和垂直性的直接体现，相应地，如果想要通过推荐流量提升权重，那么运营者需要提高笔记的吸引力和垂直性。

（3）搜索流量

搜索流量是通过关键词搜索这一途径吸引而来的流量。一般来说，当用户已经有了明确的阅读目标，如想要了解某个产品的质量和使用效果，或者想学习某方面的技能，他们就会运用搜索功能直接查找相关笔记。

想提升搜索流量，一方面，运营者要确保所创作的笔记是用户想看的内容，这样用户才会搜索；另一方面，运营者还要让自己的笔记在搜索结果页中尽可能靠前，也就是提升笔记排名，增大用户看到笔记的可能性。因此，这个渠道考量的是运营者能否敏锐洞悉热点，把握用户需求，并且在此基础上创作出优质的内容。

### 5. 发布后进行检查

为了确保笔记被收录，在笔记发布后，运营者需要再等待一个小时左右，待系统审核完成，就可以尝试着搜索笔记中的关键词、标题、正文内容等信息，检查笔记能否被搜索出来。需要注意的是，即使确定某篇笔记已经被限流，也不要重复发送，否则会被系统判定为非原创内容，导致账号权重下降。

### 6. 规避同质化内容

内容同质化不仅会使笔记淹没于同类笔记中，还可能使笔记被系统判定为营销广告，尤其是需要提及具体产品或品牌名称的测评笔记，很容易会被系统判定为某产品厂家专门投放的广告。同一个产品也常常被各大账号争相测评，导致内容"撞车"。解决方法是突出笔记的独特性，比如一篇测评笔记中可以包含多个产品的测评内容，这样就不容易与其他笔记混淆。

图2-31所示的测评笔记就分别对3款羽绒服、10款茶叶进行了测评。即便其中有一两款产品已经被很多账号测评过，对该笔记的影响也不大，而且测评对象多也使笔记内容更加丰富，提升了笔记的参考价值。

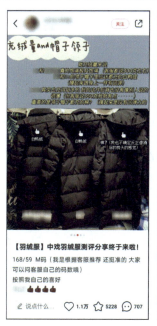 

图2-31　测评多个产品

第 **3** 章

# 找准定位很重要

在做一件事情之前一定要先找准方向，这样才能有的放矢，遇到问题才能对症下药。运营小红书账号也是如此。目前市面上的短视频平台和视频创作者数不胜数，想要运营好小红书账号，一定要找准定位。首先要对平台有所了解，其次是结合自身优势对账号进行定位。本章将为大家具体介绍关于小红书定位的知识。

## 3.1 如何做好小红书账号定位

想要做好小红书账号定位，必须先了解清楚定位的概念、意义及方法。理解概念才能明白"定位"为何物，了解意义是为了让运营者明白为什么要进行账号定位，学习方法则为运营者提供实际指导。本节将对这3项内容进行详细介绍，深入探讨如何做好小红书账号的定位。

### 3.1.1 概念——什么是定位

首先，什么是定位？定位就是账号运营的方向。没有明确的定位，账号的发展便难以为继。一方面，小红书上的创作者数以万计，明确的定位使账号更容易脱颖而出，被用户记住；另一方面，没有明确的定位，创作便如无源之水、无本之木，缺乏灵感与素材，不利于账号的长期发展。

图3-1所示就是一个定位十分明确且内容垂直性非常高的账号，该博主将"减脂日记"这个经过细化后更加明确的定位放进了小红书ID中，让用户一眼就能把握账号的主题——减脂减肥和日常记录。该账号发布的内容大多为日常的减脂食谱、运动记录、减脂数据记录等，其收藏夹也根据这些内容进行了分类。

图3-1 账号定位示例

值得一提的是，该博主在个人简介中提到了关键词"日更"，既与定位中的"日记"呼应，又能有效提醒粉丝及时查阅更新的笔记，提升粉丝黏性，这是一个值得运营者学习的技巧。

总而言之，想要在众多创作者中脱颖而出，就一定要明确自己的定位，为自己的账号找到合适的发展方向。

## 3.1.2 意义——明确定位的重要性

理解了定位的概念，运营者还需要明白定位对账号运营究竟有什么作用，为什么必须明确定位，账号没有定位会怎么样。这些问题的答案可以总结为以下5点。

### 1. 建立起个人形象

定位就好比为账号设计的一个独特标签，用户一看就能明白这个账号是做什么的，在这个账号里可以看到什么样的内容。

在账号运营的初期，精准的定位能够帮助我们迅速吸引到目标用户；在账号运营的成熟阶段，精准的定位能够帮助我们获得变现的机会。许多知名品牌都有其明确的企业文化与形象，因此在寻求合作的时候更倾向于选择与其形象相符的KOL。而且形象和定位往往代表着目标用户的需求确定，它对商家决策的影响很大。

图3-2所示就是一个定位为"已婚已育的职业女性"的生活分享账号。该博主在收藏夹中将日常发布的内容进行清晰的分类，如"养娃的事""职场看这里"等，都是与"已婚已育的职业女性"相关的内容，能够帮助该博主进一步深化自身形象。她所吸引到的用户大多和她有一定相似性，因此与她合作的品牌也都是一些女性的护理用品、女装、女包等。这些商品由她来推荐，能让观看直播的用户更加信服；这些商品也是关注她的用户所需要并愿意为之消费的。这就是通过个人形象带动流量变现。

图3-2 账号定位示例

### 2. 展现账号特色

在小红书平台上，各式各样的账号层出不穷。精准的定位能够告诉用户账号的特色是什么、账号能够提供哪些独特的内容，以此来吸引用户关注、贡献热度。

第 **3** 章 找准定位很重要

图3-3所示为某账号以"月薪2500元的自律日常"为主题,通过分享每日开销记录日常生活,发布Vlog笔记。该账号的定位清晰而特别,立刻使自己从无数个生活分享和日常Vlog账号中脱颖而出,具有独特的魅力。

图3-3 特色账号示例

### 3. 提高账号垂直性

小红书内部的多种推送机制都涉及内容的分类,无论是热度排行还是随机的个性化推送都建立在分类的基础上。因此,精准的定位能够提高账号的垂直性,帮助系统精准捕捉,从而使账号内容赢得更高的曝光率。

### 4. 内容集中输出

定位在账号运营中起到指引方向、稳定中心的作用。有了明确的定位,运营者才能围绕该定位进行集中创作。

图3-4所示的穿搭博主就将账号定位确定在"160斤大码穿搭"这个范畴,由此展开创作:初秋的160斤大码穿搭、日常通勤的160斤大码穿搭、适合约会的160斤大码穿搭……每条笔记都紧紧围绕着"160斤大码穿搭"这一主题展开,因而推送的内容呈现出完整性和高垂直性,对用户而言也更具参考价值。

图3-4 集中输出账号示例

好的定位本身就是创作的灵感来源，也是最好的命题。稳定的定位更是思维在发散过程中不变的轴心，它将丰富多彩的内容串联在一条长线上，帮助我们打造账号形象的完整性和统一性，以宏观视角进行账号布局。

#### 5. 挖掘账号深度

精确的定位能够提升运营的专注程度。明确定位后，运营者才能持之以恒地在这个垂直领域中深入钻研和积累，不断挖掘和打磨深度内容，打造出一个底蕴深厚、具备高专业度的优质账号。

图3-5所示为一位科学知识博主日常分享的内容，这些内容多为生活中的科学知识讲解或益智手工展示，都需要一定的技术性和创新性支撑。因此该账号的收藏数非常高，而收藏数正是体现内容优质程度的重要指标之一。值得注意的是，该博主已经开设了自己的"薯店"，并上架了自己设计的益智玩具，这是账号通过自身高专业性实现有效变现。

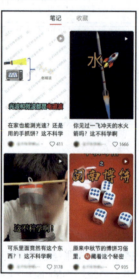

图3-5　深度内容账号示例

## 3.1.3 方法——如何做好定位

明确的定位能够给运营指明方向，令账号推广更加得心应手。那么，我们应该怎样确定自己的定位呢？下面将介绍在确认定位的过程中运营者应该完成的4个基本步骤。

#### 1. 确定擅长或感兴趣的方向

在做出选择之前，运营者可以先列出几个擅长或感兴趣的方向。一方面，在缺乏明确方向的准备初期，个人优势和兴趣都是比较好的切入点；另一方面，账号的运营需要内容的支持，个人的优势和兴趣都能帮助运营者更好地进行创作。账号运营贵在坚持，如果没有这两方面的支持，运营过程中的艰难、枯燥可能会令运营者很容易放弃。

小红书已将平台中的笔记进行了基础分类，其中包括家居家装、美食、摄影、Vlog、旅行、绘画、时尚、护肤、美甲、发型、彩妆、影视综艺、母婴、音乐、情感、运动健身、搞笑、学习、萌宠、明星、萌娃、汽车、游戏、科技数码、手工、文具手账、潮鞋、体育、职场，一共29个类别，具体如图3-6所示。

这29个类别分别对应29个可以继续细化的大方向。运营者可以分别浏览这些分类下的推荐内容，记录感兴趣或具有相关优势的定位，再反复地筛选，最后确定4~5个比较感兴趣的定位。

图3-6 平台分类

### 2. 研究相关的热门账号及平台整体内容的运营情况

现在我们已经从主观条件出发，确定了几个可能的定位，接下来要做的就是通过客观调研进一步筛选，直至确定唯一的答案。

调研主要分为两个方面：一方面是对已选定分类中热门账号的运营情况进行调研，另一方面是对平台整体内容的运营情况进行调研。

热门账号是指某一定位中热度较高的一些账号。例如，你想做穿搭类账号，就要对"穿搭"关键词下高排名笔记的发布者进行研究。除此之外，还可以直接在搜索结果页选择"用户"，如图3-7所示。其中有很多带着"优质作者"标志的账号，他们都是很好的研究对象。研究内容主要包括这些账号发布的内容、形式、推送频率、热度数据等。

图3-7 搜索用户的结果页面

资源获取验证码：01415

运营者需要带着问题去调研，这样目标才更加明确。例如，选择的这些定位所在的领域市场需求是否已经饱和，现在进入还能推送哪些内容，目标用户喜欢看什么、不喜欢看什么，该领域的热度"天花板"是否符合运营者的期望。这些问题都影响着运营者最终的抉择。

例如，在母婴这一分类下的内容整体热度都不高，互动量也较少。在小红书搜索关键词"母婴"，并选择按热度排序，截至书稿完成时，排名第一的笔记点赞数是8.2万，评论数是1340，与热门分类下的其他笔记热度具有一定差距，如图3-8所示。这也意味着在小红书推送母婴内容可能有一定的难度和限制，那么在选择之前就需要做好心理准备，明确自己能否坚持在这个分类里创作和推送优质内容，避免开始运营之后由于心理落差过大而产生动摇。

图3-8 母婴分类搜索结果页

### 3. 了解平台生态

针对平台的调研则要从宏观的视角出发，调研对象主要包括平台的用户需求、平台的扶持力度、平台中的竞争强度等。

图3-9所示为时尚这一分类的搜索结果页，可以看到排名靠前的笔记热度大多数相差都不是很大，点赞数在两万到三万之间，这意味着该领域的竞争比较强烈，而且同质化的内容比较多，在进入之前运营者需要审慎地衡量自己的能力和竞争力，考量自身能否另辟蹊径，创作出令用户耳目一新的内容。

图3-9 时尚分类搜索结果页

账号的运营要依托平台，账号的后期推广也需要平台的推荐。因此，我们必须要知道平台经常推送哪一领域的笔记，平台更重视什么内容的推送，平台用户都喜欢看什么内容。准确把握平台的偏重和用户的偏好能够帮助运营者更快地适应平台的生态。

调研还能够帮助运营者深化对市场的认知，让运营者在反问自己能提供什么的同时，知道市场需要的是什么，真正做到深思熟虑、缜密布局。

### 4. 进一步细化定位

确定整体的定位后，运营者可以进一步将其细化。图3-10所示为知识分类下的一个以冷知识科普为主的优质账号，该账号从知识科普这个大方向中划分出了"冷知识科普"，这就是定位的细化。细化定位能够帮助运营者提高账号垂直性，精准定位目标用户，获得更多被推送的机会。

图3-10　优质账号示例

## 3.2　垂直内容很重要

确定了账号定位，接下来就要在内容创作中保证内容的高度垂直，增加内容被推送的机会。下面为大家介绍如何打造内容的垂直性。

### 3.2.1　用户数据——了解用户，数据才更精准

用户数据既是当前市场热度分布的直观体现，也是账号运营情况的直接反馈。正确分析和总结用户数据，能够帮助运营者紧跟潮流，在账号运营的过程中不断修正方向、改善内容、优化定位。我们可以从以下6个维度对小红书的用户数据进行研究和分析。

## 1. 平台数据

平台数据是平台整体的数据，如用户注册量、用户年龄段及基本信息分布情况、平均使用时长、使用次数与频率、与其他账号的互动次数、发布的笔记数量、下单成交量、退货率等。这些数据能够帮助运营者把握平台的发展情况和用户的需求及喜好，不仅有利于账号的日常维护与运营，还能帮助运营者进行长期的规划与调整。

## 2. 阅读量

阅读量就是用户阅读笔记的次数。这个数据在笔记的左下角，只有发布者自己能够看到，如图3-11所示。

图3-11　阅读量

阅读量在一定程度上体现了笔记主题对用户的吸引力，同时也受到视频、图片的设计水平、美观程度及标题吸引力的影响。

因此，如果笔记阅读量较低，运营者可以反思自己的标题设计是否缺乏亮点，尝试使用精美的笔记封面，使其更加美观，如图3-12所示。美观悦目的封面能够充分吸引用户的注意力，让用户产生美的享受，从而强化用户的阅读意愿。

图3-12　设计美观的封面示例

运营者也可以在封面上适当添加关键信息，吸引用户一探究竟。比如一些干货笔记会将分享干货的主题放到封面上，有时为了让标题更加醒目也可以将标题的内容放进封面，如图3-13所示。用户可以一目了然地看到内容明确且字体具有设计感的标题，第一时间领会笔记的主题，及时发现自己感兴趣的内容并进行阅读。这种做法也能提高账号的垂直性。

图3-13 体现主题的封面示例

如果笔记阅读量已经比较高，可以将重心放在内容质量上，通过内容质量的提升，将高阅读量转化为高点赞量和高收藏量。

### 3. 曝光量

曝光量和阅读量是两个不同的指标，阅读量是笔记被阅读的次数，而曝光量是笔记被平台推送的次数与用户的点击次数之和。因此，一般曝光量远大于阅读量，比例甚至可以达到10∶1。曝光量带来的信息也更加综合全面。

通过之前的分析，我们知道账号垂直性与账号所在平台的推广力度成正比。因此，曝光量也可以看作账号垂直性的直观反馈。在曝光量下降时，运营者应该马上反思近期发布的内容是否与定位紧密相关，并及时进行调整。

### 4. 点赞量和收藏量

点赞量和收藏量都是直接体现笔记受欢迎程度的指标，但二者又不尽相同。一般来说，用户更倾向于给有趣的内容点赞，以此表示对笔记的肯定和赞赏；当阅读到一些参考性较高、干货较多的优质内容时则会收藏起来。因此，点赞量和收藏量能够有效体现笔记的质量与深度。

图3-14所示为某家居账号发布的日常分享笔记，内容为运营者自己拍摄的家庭装潢图片和展现日常生活的Vlog。我们可以发现这些图片的点赞量都远高于收藏量，这是因为这些装潢图片虽然赏心悦目，体现了博主良好的审美趣味，但用户读完之后难以模仿和学习，所以仅仅以点赞的方式表示对笔记的肯定。

图3-14 高点赞量的日常分享笔记

图3-15也是该博主发布的图文笔记,其内容包括自住房装修的教程和图纸,以及家庭整理小妙招分享等。我们可以发现这些笔记的收藏量都超过了点赞量,因为这些教程和图纸具有较高的参考价值,用户可以从中获取经验,运用到自己的房屋装修中。

图3-15 高收藏量的图文笔记

正因为点赞量和收藏量能够从两个互补的维度来体现笔记的受欢迎程度,在分析数据时通常会将点赞和收藏的数量相加,作为笔记热度的参考数据,并与笔记的阅读量进行对比分析,也就是对笔记的阅读转化率进行分析。

值得一提的是,保持较高的垂直性,能够帮助账号提升热度。这是因为当用户对某篇笔记感兴趣时,有很大概率会进入账号主页翻阅其他笔记,而其他笔记如果能与用户最初看到的笔记保持较高的统一性,那么用户点赞、收藏这些笔记的概率就会增加。再举一个反面例子,假如用户发现一篇优质的穿搭笔记,点进主页看到的却都是体育新闻分享,结果很有可能是:用户由于无法发现更多感兴趣的内容而直接离开。

### 5. 评论数

评论数体现的同样是用户对笔记的喜爱程度,但在数值上通常会低于点赞和收藏的数量,这是由于发表评论花费的时间和精力远高于点赞和收藏。因此,要想考量账号是否真的受到用户喜爱,评论数的参考价值很高。评论数高的笔记通常有以下两种。

一种是具有高粉丝黏性和高活跃度的账号发布的笔记。因为大多数用户通常会倾向于评论经常阅读的、较为熟悉的账号,所以粉丝积累较多、经营时间较长且较为活跃的账号往往能够获得大量的用户评论。

另一种是内容质量很高或极具吸引力的笔记。这类笔记能够刺激用户产生表达或交流的欲望,促使用户留下评论。这对账号自身的魅力要求很高。

不过,在实际运营中,尽管评论数的提升是对账号运营的重要鼓舞与肯定,但具有价值的评论内容更值得参考。有价值的评论展现了用户在阅读中的真实所想,无论是正面的还是负面的,都是珍贵的市场反馈,能够帮助运营者及时更新自我认知与定位,做到扬长避短。

在小红书上,用户还可以对笔记下方的评论点赞,热度也会积累到笔记上,如图3-16所示。一条精彩的评论也能为笔记带来不可忽视的热度。因此,对于评论,不光要追求数量,还应该追求质量。

图3-16 评论区示例

### 6. 粉丝量

粉丝量是平台和商家考量账号运营水平的又一重要指标,运营者需要达到1000的粉丝量才能申请开通好物推荐功能,而申请成为品牌合作人至少要达到5000的粉丝量。

通常情况下,粉丝量与账号垂直性呈正相关。用户对账号中的笔记越感兴趣,关注该账号的可能性就越大。因此,运营者要确保笔记内容能真正触及用户的关注点和兴趣,而账号的定位是一条清晰的基准线,让运营者能够始终保持创作内容与定位的一致性,不至于偏离轨道。

## 3.2.2 内容定位——了解热门内容,确定方向

小红书上笔记成千上万,想让用户在成千上万的笔记中看到运营者发布的笔记,紧跟风向、紧扣热点是必不可少的技能。只要运营者把握住追热点的正确方式,创作出的内容不仅不会偏离定位,反而会让账号的垂直性得到提升。接下来介绍两种实用的方法,教大家巧追热点。

### 1. 让热门搜索词成为笔记的关键词

在搜索页面中,平台自动推荐了大量热门搜索词,其中既有近期的热点词——体现平台整体的热门方向,也有用户近期常看内容的相关词——体现用户兴趣领域的热门方向,二者都可以成为运营者笔记创作的关键词,如图3-17所示。

图3-17 自动推荐的热门搜索词

每当一些特殊节日或时令临近时,这些节日或时令的名称都会登上平台热门搜索词的榜单。例如,在中秋节,运营者可以"中秋节"为主题,寻找账号定位与中秋节的关联,将其创作成为一篇笔记。

图3-18所示为与中秋节相关的各式各样的笔记。生活账号分享中秋节旅行的所见所闻,美食账号分享制作月饼的方法,知识账号分享中秋节的祝福文案,手工账号分享制作中秋节主题小饼干的方法……同一个关键词,可以有多种多样的呈现方式。

图3-18　中秋节相关的笔记示例

### 2. 巧妙利用热门话题，完成"命题作文"

热门话题能够提升笔记的曝光量。因此，在选择创作方向时，运营者可以从热门话题中寻找灵感；在发布笔记时，运营者可以插入热门话题。小红书中的话题独具特色，它们都是由用户真正关心的内容总结而来，如图3-19所示。

图3-19　热门话题示例

因此，在创作时，选择与定位相符合的热门话题，并以此为主题进行创作，既减少了选题的难度，又能有效加强笔记与账号定位的联系，同时赋予笔记更高的曝光率，提高账号垂直性。

## 3.2.3 个人优势——做擅长的，才能持续输出

在确定账号定位时应当优先考虑个人优势，这样账号的运营会比较容易上手。从账号垂直性的角度出发，定位与个人优势相结合，能够降低创作的难度，也能让运营者在确定的定位上走得更远，进而创作出有深度的、优质的内容。那么运营者应该如何突出自身的优势呢？接下来为大家提供一些思路。

## 1. 专业相关或者有过学习的经历

考虑到快速上手及后续深入挖掘内容的需要，建议运营者优先考虑有专门学习经历的技能及其相关领域。如果你曾经学过六年素描，那么可以考虑定位为一个与绘画相关的账号；如果你在大学里读的是金融专业，则可以定位为一个金融知识科普的账号。

图3-20所示为一位有文学类专业读研经历的博主账号。该博主将账号定位于读书和护肤两个领域，她分享的一些读书感想和读书方法，都具有很高的参考性，这与该博主自身丰富的阅读经历和较高的文学素养是分不开的，专业学习的经历为她创作笔记提供了充足的养分。

由于有专门学习的经历，创作者一方面能够在一定程度上保障内容的专业性和质量，另一方面，在后续的创作过程中也更加得心应手，能够持续地输出内容。专业知识成为运营者选题与创作的灵感源泉。

图3-20 以专业知识辅助的账号示例

相反，假如运营者选择进入完全不了解的领域，那么在进行后续的内容创作时，可能根本没有办法创作出与定位相符的内容，账号的垂直性必然下降，其确定的定位反而成了账号运营的绊脚石。

## 2. 工作相关

选择与现工作或与曾经的工作相关的领域，也是一个不错的选择。有相关的工作经验，对该领域有所接触和了解，也就意味着你将比非专业人士多一分敏感度，更容易捕捉到领域的风向，继而创作出热门内容，而且较高的专业素养也能在内容创作和布局方面起到很大作用。

图3-21所示的家居账号由一位画廊主理人运营。该博主在笔记中展示的这些家居装潢案例无不透露出浓郁的艺术气息，展示了浪漫元素。无论是家居设计本身还是呈现的图片，都体现了运营者极高的审美素养与能力，给予用户美的享受和愉悦的艺术体验，这恰恰也成了一种独特的、难以模仿的账号特色。

图3-21 工作相关的账号示例

## 3. 长期的兴趣爱好

长期的兴趣爱好也可以成为你的个人优势。之所以强调"长期",是因为很难判断短期的兴趣爱好是否具有持续性。比如今天因为喜欢一首歌而爱上音乐,明天可能又因为某个有趣的节目产生其他的兴趣,而这些兴趣能持续多长时间,谁也无法保证。账号运营是一个长期的过程,无论是定期的笔记创作,还是从零开始积攒粉丝与热度,其中都充满了想象不到的阻碍。

运营者需要有足够的热情与耐心来解决运营中面临的各种问题。另外,对于账号运营的这份热情还将促使运营者关注领域内的相关信息,扩充创作所需的知识储备并积累选题灵感。运营者不断提升认知水平、深入学习的过程与账号运营的步伐相一致。

图3-22所示为一个手账分享账号。该运营者有通过手账长期记录日常生活的习惯,因此将手账分享作为账号定位,每当设计出有趣的排版或是制作出相关的手工作品,都将其记录下来,整理成优质笔记。这也使其账号内容更具真实性和发展性,让用户产生了学习与参考的意愿,受到用户的欢迎。

图3-22 兴趣爱好支持的账号示例

## 4. 突出的个人能力

突出的个人能力也能成为笔记创作的一大优势。个人能力可以是某项技能,比如动手能力强的人可以将账号定位为手作类型。如果你能写一手漂亮的花体字,那么可以考虑将书写、字迹等作为账号的主要推送内容,以此类推。

图3-23所示为一位全职"宝妈"运营的美食分享账号。该博主将为家人做的每一顿早餐记录下来,丰盛的早餐、巧妙的食物搭配提升了笔记的质量,也让笔记受到了众多用户的欢迎,这就是将自身的烹饪技能与账号定位高度结合的成功案例。

图3-23 展现个人能力的账号示例

个人能力也可以是个人品质和性格特征，比如搜集与整合信息的能力强，那么将账号定位为热点资讯的整理总结可能是一个合适的选择。

### 5. 拥有相关资源或渠道

即使没有特别突出的技能也没关系，可以转而思索自身是否具有客观的资源优势。比如你在某个领域有庞大且稳定的人际关系网，再如你的工作经常需要出差，可以了解到不同地点的风土人情，诸如此类，都可以成为你独特的个人优势。

## 3.3 热门选题方向怎么选

一篇优质的笔记以成功的选题为基础，一旦确定了方向，后续的内容填充就会容易很多，而且一个热门的选题方向能够给笔记带来非常高的初始热度。因此，本节将为大家介绍如何选择热门选题方向，让笔记创作事半功倍。

### 3.3.1 7类话题应有尽有

小红书上笔记浩如烟海，选题方向也多如牛毛。如果不知道如何选题，不如参考现有的话题，寻找灵感来源。了解常见的话题，也可以帮助大家进一步确认相关账号定位的可行性，确认自身是否具备长期创作的能力。笔者在此列举了7类话题，基本能涵盖平台上绝大多数的笔记选题，接下来就为大家一一分析。

需要提前说明的是，一篇笔记未必只能对应一个话题，也可以将几个热门话题进行有机结合，创作出更具参考性和适配性的笔记，但前提是不能偏离账号的定位。

## 1. 女性向话题

女性消费市场是一个潜力极大的广阔市场。根据第七次全国人口普查统计，我国女性人口有6.88亿人，占全国人口的48.76%，其中在消费活动中有较大影响的是中青年妇女。

女性消费者不仅数量大，而且在购买活动中起到重要的作用。她们不仅为个人的消费做决策，在家庭中，她们还扮演了母亲、女儿、妻子等多种角色，掌握着大部分家庭消费的决策权。因此，在小红书中女性方向的话题是比较热门的类型，具体分类如下。

（1）彩妆

在小红书的用户画像中，20~30岁的女性占据了非常大的比重。在这个群体中，彩妆无疑是备受关注的一个话题。

小红书中彩妆话题的笔记主要是一些彩妆单品的推荐、试色及使用教程等，图3-24所示都是彩妆话题下的热门笔记。

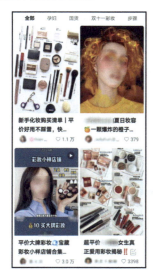

图3-24 彩妆笔记示例

单品推荐类笔记可以从实用性、价格等方面入手进一步精确选题，一般通过"平价""热门""好用"等关键词来吸引用户。试色类笔记能够借助热门单品和品牌获得较高的热度，创作难度也不是很高。这两类笔记同质化竞争比较严重。热门的彩妆单品总是不尽相同，想获得高热度不难，但要在一众高热度笔记中脱颖而出，则需要更加用心地打磨内容、展现特色、打造记忆点、形成个性化标签。

仿妆笔记的创作需要更多的创意与技巧支持，因此比前两者的创作难度高一些，点赞与收藏数据的含金量无疑也更高。如果能在笔记中附上操作教程，其收藏量还可能持续攀升。

彩妆笔记的内容由于涉及商品推荐，因此与品牌或商家合作推广比较方便，能够直接变现。但前提是账号曝光率足够高，而且变现水平的高低、合作品牌的等级也与账号的定位和个性标签有着密切联系。

（2）护肤

护肤话题拥有数以百万计的笔记，是非常热门的话题。这也与小红书的用户分布有很大关系，而且相较于彩妆话题，护肤具有更高的适用性，不仅年轻女性热衷，其他年龄段的女性甚至男性都可能在这个话题中找到感兴趣的内容。

护肤话题包括护肤单品的推荐和护肤知识科普两个方向，如图3-25所示。护肤笔记的热度普遍都比较高，护肤知识科普类笔记的收藏数更高一些。

图3-25 护肤笔记示例

（3）时尚

时尚话题的热度与彩妆话题不相上下。时尚作为一个抽象概念，其兼容能力更加强大，时尚单品、时尚风潮、时尚观念……体现时尚的一切元素都能被划入"时尚"的范畴。因此，时尚话题可以延展出许多笔记主题。如图3-26所示，在搜索框中输入"时尚"，可以看到很多不同的关联词，这些都可以作为笔记的选题。

图3-26 时尚话题的关联词

（4）美发

美发话题包括发质护理、编发以及烫染的设计与教程等，如图3-27所示，这些笔记的目标用户也是以女性为主。发型打理是女性的一项日常工作，这带来了一定程度的笔记需求，加上许多商家的大力宣传，该话题的热度也不低。为了增加话题热度，一些运营者会选择名人同款造型进行分析或效仿。

图3-27 美发笔记示例

（5）减肥塑形

随着人们健康审美水平的提升，减肥塑形逐渐成为近年来的一大热门话题，"网红"导师和"网红"教程层出不穷。由此延伸出的话题有减肥技巧、减肥餐、塑形操教程和减肥塑形过程记录等，如图3-28所示。

图3-28 减肥塑形笔记示例

如果你从事减肥塑形相关行业或具有一定的专业知识，可以选择做一些技巧和教程的分享、设计减肥餐食谱等。只要方法行之有效、内容质量过关，辅之以一定的推广技巧，都能受到用户的喜爱。

如果是非专业人士也没有关系，可以将自身减肥或者塑形的过程记录下来，比如减肥塑形过程中的食谱、运动项目、成果等，这些都是有意义的主题和良好的素材。在创作中，运营者可以加入一些个人特征作为个性化标签，比如职业、年龄、地域等，这样能使笔记更具辨识度。

（6）穿搭

作为衣、食、住、行中的第一位，穿搭话题也受到了用户的热烈关注。小红书还为其开设了官方号"穿搭薯"，专门推送穿搭相关的笔记，可见其热度之高。

穿搭笔记的内容基本上是各式各样的穿搭模板，如图3-29所示，为用户提供参考。穿搭笔记的发散方向主要是不同场景、季节下的穿搭主题、风格等。

图3-29　穿搭笔记示例

要想避免同质化的选题，创作出更具新意和独特性的笔记，可以参考以下两条建议。

第一，选题时可以加入一些个性化标签，如155cm女生穿搭、办公室穿搭、中性风穿搭、大码穿搭等。个性化标签能够大大提升账号的辨识度，同时有助于锁定需求用户，这些用户恰恰也是能够实现精准变现的有效用户。

第二，选择穿搭主题时可以参考一些近期的热点，特别是需求用户可能会关心的热点话题，比如节日来临时如何穿搭，寒冷的冬天如何进行时尚穿搭等。这样做能够有针对性地帮助用户解决困扰，并提高穿搭笔记的质量和参考性。

## 2. 出行攻略类话题

随着网络的日益发达，人们已经习惯于旅游前在各种App上搜索攻略，事先确定要去的热门景点、"网红"店铺等，优化出行计划。出行攻略类话题包括以下两类。

（1）旅行

旅行中"打卡"的图片与有趣的经历是主要的创作素材。由此衍生出了两类旅行话题——干货攻略和旅行记录,这两个话题可以继续衍生,既可以对吃喝玩乐的某一方面进行深度挖掘,也可以根据不同地域去细化,如图3-30所示。

图3-30　旅行笔记示例

### (2) 探店

探店与旅行攻略具有类似之处,也是分享出行经验、提供"种草"或避雷的建议。一些经验丰富的探店博主的探店范围并不局限于居住地,而是在各地旅行中探店,这可以看作旅行攻略的一部分,也使两个话题产生了交集。

## 3. 学习技能类话题

如果笔记能够为用户科普知识,帮用户提升技能,那么也会引起用户的观看兴趣。在小红书中,能够选择的技能类话题有美食制作、手工制作、读书笔记等。

### (1) 美食制作

美食制作笔记在小红书上数量不是很多,但热度比较高。因为美食品类繁多,所以内容也丰富多样,如图3-31所示,每一道美食都能成为美食制作笔记的选题。

一般来说,一个账号会选择一个固定的分类,专门发布同类型美食的制作教程。美食可以大致划分为烘焙类、甜点类、正餐类等。同类型美食的制作流程、食材、工具比较相似,笔记创作成本和难度相对较低,而且笔记之间关联性也会更强一些。

图3-31　美食制作笔记示例

（2）手工制作

手工制作话题的笔记包括生活小发明、各种材质的手工艺品等，如图3-32所示。手工制作本身就富于趣味性，且能激发用户学习和动手模仿的欲望。因此，这类选题的笔记常常会获得不少用户的称赞和评论。

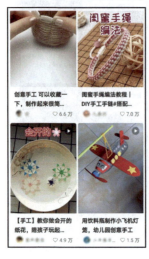

图3-32　手工制作笔记示例

手工制作类不同类型账号之间的差异会比美食制作类的账号更加明显。例如，手工发明相关和手工艺品的制作就泾渭分明，运营者通常都只选择一个固定类别，做专做精。这是因为手工制作的领域更广，而不同分类下的制作思路、方法和原材料又相差很大，特别是一些专业性要求很高的手工制作，通常都需要经过一定的学习才能完成。

由于手工制作话题本身具有良好的互动性和趣味性，而且一些简单的手工制作门槛并不是很高，有时生活分享类的账号也会发布与此相关的笔记，如图3-33所示，通常以记录一次日常的手工制作为主题，这也丰富了账号推送的内容。

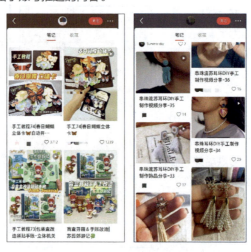

图3-33　生活分享类账号发布的手工笔记

由此我们可以获得一个启发：一些具有共通性的选题和定位可以合理结合，这样的结合能够在不偏离定位的同时增强账号内容的多元性。另外，对于一些制作流程较烦琐的手工作品，通常更适合以视频笔记的形式来呈现，以便用户能够直观地认识和理解整个制作过程。

（3）读书笔记

读书笔记话题包括读书笔记分享、书单推荐、读书及整理笔记的方法等，如图3-34所示，其在小红书上的笔记数量不是很多，热度也不是很高。总体而言，这一话题的创作需要运营者具有一定的积淀，写读书笔记的前提是能沉下心读完一本书，其记录意义远大于展示意义。

图3-34　读书笔记示例

如果想快速获得热度，可以选择一些热门的作家和作品作为读书笔记的对象。具体选题时也可以适当结合账号定位进行一些差异化处理，比如作品类型主要以人文类还是社科类为主，读书笔记侧重复盘整理还是分享推荐，等等。这些都可以作为笔记的创作特点，以区别于同类笔记。

（4）工作学习

工作学习话题包括日常学习、计划安排、时间管理、效率提升等相关的记录或方法，这类话题通常以干货笔记居多。如果运营者具有相关理论知识，可以从科普角度入手，也可以根据亲身经历总结方法与经验，由此进行笔记创作。

这一选题也可以与账号定位匹配，通过加入一些个人标签使笔记内容更令人信服。图3-35所示为工作学习话题下的优质作者，他将个人的学习经历放进账号简介，使其发布的一些学习方法和时间管理技巧显得更具参考性；他还给自己贴上了"伪学霸"的标签。"伪学霸"本义是指看起来用功但实际上并不善于学习的人，但这个标签与他亮眼的学习经历放在一起自然不会让人认为他是"伪学霸"，反而觉得他谦虚、接地气，并且还暗暗强调了"用功"这个关键点，让用户更愿意运用他的学习方法进行学习。

图3-35 工作学习笔记示例

（5）绘画

绘画话题主要包括绘画作品分享、绘画教程及工具介绍等，如图3-36所示。该话题在小红书上的热度居中。这一类笔记的账号垂直性比较高，专业性也比较强。

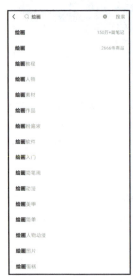  

图3-36 绘画笔记示例

（6）摄影

摄影话题在小红书上热度较高。摄影方向延伸出的常规话题包括摄影作品分享和摄影教程，如图3-37所示。前者除了分享专业作品外，有时还会与旅行、生活分享相关的笔记相结合，后者则以干货居多。

图3-37 摄影笔记示例

利用社交账号发布笔记时,人们往往热衷于搭配风景图或靓丽自拍,于是拍照姿势也成了摄影教程中的一个热门话题,如图3-38所示。各种场景下的拍照技巧,如何摆姿势、做表情可以满足用户的多样化需求,可作为笔记的主题。

图3-38 拍照动作教程笔记示例

为了让图片更加美观,修图App也层出不穷,于是出现了另一个热门话题——滤镜调色教程。这一话题涵盖了各种App、各种风格的调色方法,提供精确的滤镜参数,让用户阅读完笔记马上就能操作,因此也受到了众多用户的喜爱。

### 4. 娱乐影音类话题

各大咨询平台点击量最高的基本上都是娱乐影音类话题,娱乐影音类话题阅读起来不需要浪费太多脑力,能够帮助用户放松身心,因此受到了广大用户的喜爱。娱乐影音类话题包含以下3类话题。

（1）影视推荐

影视推荐话题在小红书中不算热门，但由于许多影视剧本身带有一定的热度，因此这类话题下的笔记比较容易获得高曝光率。

这类话题下的笔记通常以视频笔记为主，大多是对影视剧中各种桥段进行剪辑。创作时，可以直接选取热门剧或热门桥段，也可以从冷门剧中寻找亮点剧情，挖掘一些素材，再结合当下热点进行创作，如图3-39所示。总之，要注意紧扣热点。

图3-39　影视推荐笔记示例

（2）名人

名人自带热度，能为笔记带来非常可观的曝光率，因此，将其作为选题也是一个不错的选择。常见的选题方向主要分为两种：结合名人元素制造话题对象和直接以名人本身为话题对象。

图3-40所示的是最常见的一种笔记类型。通过挖掘名人与账号定位相关的元素，进行妆容、发型、穿搭的分析与模仿，这体现了多重选题间的良好互融。

图3-40　名人笔记示例

### （3）音乐分享

音乐分享主要是做多种主题的音乐歌单，如图3-41所示。音乐主题和曲风的区分和整理需要博主具备良好的音乐品味和庞大的听歌量，它与笔记的最终质量水平是成正比的。

图3-41　音乐分享笔记示例

## 5. 生活记录类话题

许多用户在使用小红书时，经常会看到一些博主将自己的生活记录下来并分享至平台。在小红书中，推荐率比较高的生活记录类话题主要有宠物日常、生活日常、搞笑视频、萌娃、家居装潢、生活妙招等。

### （1）宠物日常

宠物日常选题一般是宠物生活中可爱或搞笑的片段。图3-42所示为宠物话题下的一个优质账号，该博主打造出了不同的情境来获取宠物的不同反应，并制作成视频笔记，其热度也较为可观。

图3-42　宠物日常笔记示例

### (2)生活日常

生活日常这一话题具有比较高的兼容性，除了能够与其他话题有机结合，其本身涵盖的范围已经十分广阔。在小红书上，生活日常话题下的笔记主要是一些日常Vlog和生活话题的分享，如图3-43所示。

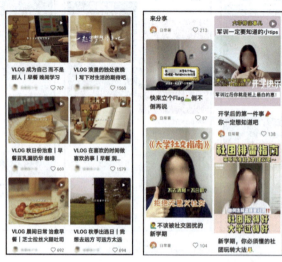

图3-43　生活日常笔记示例

### (3)搞笑视频

搞笑视频话题下的内容比较繁杂，笔记创作需遵循趣味性原则，让用户能够轻松一笑。它的素材来源十分广泛，形式也具有多样性，如片段集锦、对话截屏、自制视频、配音视频等。运营者既可以模仿一些网络热门桥段与影视剧、综艺片段，或在其基础上进行二次创作，也可以将生活中的趣味内容记录下来，博用户一笑，如图3-44所示。

图3-44　搞笑视频笔记示例

### （4）萌娃

萌娃话题可以大致划分为自家萌娃的日常生活记录和"网红"萌娃的视频整理分享。伴随着亲子节目的走红，越来越多的萌娃进入网友的视野，并受到网友的关注。这也使得与萌娃相关的笔记层出不穷。萌娃们生活中的每一个瞬间都可以被记录下来，成为萌娃笔记的创作素材，如图3-45所示。

图3-45　萌娃笔记示例

### （5）家居装潢

家居装潢话题包括室内设计案例展示、家居好物推荐、装潢教程等，室内设计又可以衍生出不同风格的主题，如复古风室内设计、简洁风室内设计等。如图3-46所示，家居装潢笔记因为内容垂直性很强，在创作上对专业度有一定的要求。

图3-46　家居装潢笔记示例

### （6）生活妙招

生活妙招话题包括家务、收纳、储存等，相关笔记如图3-47所示。"生活"是一个非常宽泛的概念，衣、食、住、行，乃至生活中的每个环节都有"妙招"的用武之地。因此，在创作时，可以从生活中寻找灵感，提高笔记的实用性和功能性。

图3-47 生活妙招笔记示例

## 6. 科技电子类话题

科技电子类话题也是小红书用户关注的一类话题，其包括但不限于科学实验、电子产品等类别。

### （1）科学实验

科学实验话题可以向生活科学和专业科学两个方向延展。图3-48所示的这些科学实验笔记大多是以生活中的科学实验为主，同时又创新性地细化了一些话题，如"亲子游戏"等。

图3-48 科学实验笔记示例

### （2）电子产品

电子产品话题的创作对象主要是一些具体的电子产品，如手机、计算机、蓝牙耳机等，可行的选题包括资讯整理、开箱试用、功能介绍和巧妙用法等，以干货输出为主。

电子产品更新换代的速度很快，运营者既可以保持固定的选题而替换不同产品，也可以保持固定类型的产品而替换不同选题。图3-49所示的账号就将创作对象固定为计算机主机与相关配件，为用户介绍和展示一些最新型号与高配置的主机，既彰显自身的专业度，还体现潮流敏感度。

图3-49　电子产品笔记示例

## 7. 知识科普类话题

除了以上6类话题，小红书中的知识科普类话题也备受关注，如花草种植与加工、母婴知识、汽车等，具体如下。

### （1）花草种植与加工

花草种植话题包括花木种植的知识讲解和教程等，花草加工话题则以植物的加工品为创作对象，常见的有插花艺术、鲜切枝、盆栽设计、干花艺术等内容。

随着人们环保意识的增强和对生活品质的追求，很多人都愿意在家中摆上一些绿植或插上几枝鲜花，既装点了房间、增添了生活情趣，又能改善室内环境、提升空气质量。因此，花木知识讲解和种植教程相关的笔记便应运而生，为用户提供种植的知识科普和提示，从选择适合的植物到日常照料一应俱全，全方位地替用户排忧解难，如图3-50所示。

图3-50　花木知识讲解和种植教程笔记示例

图3-51所示为专注于花草种植相关内容的账号，运营者发布的笔记大多是不同植物的种植示范和推荐，专业程度比较高，干货十分丰富，而且常以视频的形式呈现，给用户很强的参与感。运营者同时经营着自己的网店，分享干货与商业推广紧密联结，从而有效地实现流量变现。

图3-51　花草种植账号示例

花草加工话题的笔记也可以做一些知识科普或者实操的教程。由于这些加工品通常都具有比较高的观赏价值，也可以单纯地展示工艺品的成品。此外，也可以与商业推广有机结合。以插花为例，既可以介绍常见的插花技巧，也可以展示一些插花作品，如图3-52所示。

图3-52　花草加工笔记示例

## （2）母婴知识

母婴知识话题包括知识科普、经验分享、产品推荐等，以干货为主，具体选题时可以结合实际需求。如图3-53所示，在购物节来临之际做"妈妈购物清单"，或者在换季的时候分享一些育婴过程中需要注意的小贴士，这些都能解决用户的实际需求，展现账号的实用性和功能性。

图3-53　母婴知识笔记示例

## （3）汽车

汽车话题的笔记在小红书上不是很多。汽车话题可以细分为汽车资讯相关、汽车驾驶与保修相关、汽车配套组件与车载好物、汽车驾照相关等，以干货为主，如图3-54所示。

图3-54　汽车相关笔记示例

## 3.3.2 根据热点裂变话题

除了从各热门话题中直接选择，我们还可以从热点中发掘更多具有吸引力的话题。互联网时代是信息高速传播裂变的时代，各种各样的热点层出不穷，只要我们能够把握用户的需求和关注点，就可以从中寻找到优质笔记的无限灵感。

### 1. 追逐热点

追逐热点的前提是我们对热点风向具有一定的敏感度，热点来临时必须及时跟上，尤其是对于一些时效性较强的热点话题，红利期往往是话题刚刚出现、没有大面积拓宽的时候，等后知后觉意识到这是一个热门话题的时候，"蛋糕"可能已经被其他运营者分食殆尽了。以搞笑视频为例，当某一个有趣的话题刚开始流行起来时，用户会感到新鲜，兴趣也很高；等到这个话题发酵了一段时间，模仿者越来越多，相同的内容大量出现时，用户就会逐渐产生疲劳感，失去兴趣。

作为运营者，最好能够养成定期关注各个平台热点内容和热搜词的习惯。在当前的网络环境中，不同平台的用户其实是高度重合的，热点内容也会随着用户的重合在平台间流动传播，一个热点也许形成于一个平台，却在另一个平台加速传播、升温，如果只关注一个平台的内容，就有可能错过热点内容。另外，运营者在阅读热点内容后，还要经常分析和总结，以发现热点形成的规律和发展趋势，对热点方向做出预判，从而快速抢占市场。

### 2. 挖掘热点

作为运营者，应当利用热点，而不是一味地跟从热点。在追逐热点的同时，一定的创意发挥是必不可少的。只有让热点真正为我们所用，我们才能从热点中分到属于自己的一杯羹。因此，运营者需要从固定的热点中挖掘与账号定位相关的内容、元素，从中裂变出话题。例如，每到暑假的时候可以推送一些暑假出行攻略、避暑妙招、夏日饮品推荐等。而到年末的时候，可以推送一些年货攻略、各种主题的年度总结等。

### 3. 牢牢把握用户的关注点

要让用户被你的笔记吸引，就必须弄清楚用户想看什么、喜欢看什么。最好的方法是换位思考，站在用户的角度去思考用户想看什么、关心什么，而用户关心的内容也会随着时间点的不同而变化，要想更加精准地捕捉用户心理，就需要以动态的思维去思考和判断。比如你的目标用户是大学生群体，那么你可以大学生群体的视角，思考此时自己最关注的是什么。开学季学生感兴趣的内容有假期总结，如何调整心态以适应学校生活的节奏，需要准备哪些东西，如何规划新学期，等等。期末的时候，可以考试和假期规划为切入点。

### 4. 关联词激发灵感

当运营者确定了大致方向后，可以在搜索框中输入一个关键词，观察下方推荐的关联词，从中寻找可写的具体话题。假设运营者想写一篇与大衣相关的笔记，却不知从何写起，就可以在搜索框中输入关键词"大衣"，观察下方的关联词。关联词很多，既有从大衣自身出发的穿着技巧与测评，还有与大衣相搭配的其他单品，而关联词排名越靠前，说明用户对其关心度越高，如

图3-55所示。

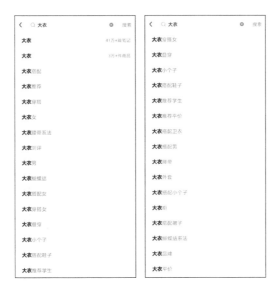

图3-55 关联词

此外,还可以点进关联词,观察高赞笔记以什么为切入点,以此作为参考。比如创作者看到了一篇关于夏季锁水的产品推荐的热门笔记,就可以去测评这些护肤品的锁水性,也可以选择从不同的角度对产品进行介绍,让用户能够更加全面地了解该产品,还可以做产品的购买介绍、优惠活动介绍,或者介绍产品的使用方法等。

另外,假如点进排名比较靠前的关联词,搜索结果中的笔记热度都不是很高,或者相关性不是很强,那么这代表了一个用户需求的缺口。如果你在这个话题下发布一篇笔记,你的笔记很有可能被很多用户看到;如果你的笔记质量还不错,满足了用户的需求,那么还有可能获得比较高的热度。

# 第4章
# 从零开始教你写笔记

明确了小红书账号定位和选题,接下来就可以正式开始笔记创作了。小红书账号的引流推广和日常运营都离不开笔记,一篇优质的笔记能够为账号带来巨大的流量,而将这些吸引来的流量牢牢锁住则需要通过持续输出一篇篇优质笔记来完成。

一篇笔记至少由标题、内容两个部分构成。为了提高笔记的完整性和吸引力,可以加入图片或者视频,并通过优化其他设置提升笔记的曝光率。

# 4.1 "爆款"标题

标题是吸引用户眼球的第一个部分,用户在进入笔记页面之前所能看到的内容十分有限。标题是用户获取笔记主题的重要来源之一。因此,打造一个极具吸引力的"爆款"标题,在某种程度上就意味着一篇优质笔记已经完成了一半。

## 4.1.1 标题内容——体现关键词

在小红书中,在进入笔记页面前每篇笔记的标题最多只能显示19个字,由于排版差异,有时甚至只能显示16个字。也就是说,在设计标题时需要将关键信息尽可能放在前面——至少要保证关键信息能够出现在前16个字内,让用户能够看到并且看全,所以关键信息还应该尽可能简练。而之所以需要让关键词出现在标题里,是因为它能够起到以下3个作用。

### 1. 定位目标信息

定位目标信息,就是通过标题中的关键词吸引特定用户,锁定目标用户。小红书上的笔记千千万万,用户一打开App,马上就能收到系统精心挑选的推送内容,下滑、刷新,立刻又能获得全新的推送内容。推送给用户的笔记很多,但只有用户感兴趣的那一部分,才能让他们点进去阅读,而标题呈现的信息就是用户判断感兴趣与否的重要依据。

例如,当一个单身男性看到"秋冬必备口红"标题时,很难产生阅读兴趣,因为他可以根据"口红"这一关键词快速判断出自己对该笔记不感兴趣,因此不会浪费时间阅读,会直接滑至下一篇笔记。

相应地,加入关键词也可以帮助运营者定位用户。图4-1所示的"一家不卖教辅、盗版、鸡汤、成功学的书店"标题直截了当地表明了该书店的定位,可以更加精准地吸引目标用户。

### 2. 筛选有效信息

筛选有效信息,简单来说就是让用户看完标题就能知道这篇笔记里有什么内容,能获取什么信息,避免让用户摸不着头脑。如图4-2所示,将有效信息准确展示在标题中,用户就能够快速找到需要的信息,在阅读前也能做好心理准备,带着目的阅读。除此之外,清晰的关键词能使笔记被有效检索,为笔记带来更高的曝光率。

图4-1 体现定位功能的标题

图4-2 体现筛选功能的标题

用户需要再次查看某篇笔记,或者在搜索页面、账号主页寻找某一特定的笔记时,标题中的关键词也能够帮助用户快速筛选出需要查看的笔记,提高效率,节省时间。

### 3. 吸引用户查看完整信息

关键词是笔记内容的高度浓缩。添加关键词的目的是让用户在点开之前就能对笔记的大致内容有一个基本判断,再决定有没有点开阅读的必要。

现今,互联网已经发展到了相对成熟的阶段,信息发布的流程简单,传播速度快,每天都有大量新鲜的信息产生,因此用户越来越倾向于高效的、有选择的阅读模式。除非必要,用户是不会花费时间读完每一篇笔记的。

能够激发用户阅读意愿的因素,除了兴趣,还有必要性。在标题中加入关键词,正是要让用户意识到阅读该笔记是有必要的,给用户一个阅读笔记的理由。

比如运营者在写一篇干货笔记时,就需要在标题中体现出笔记的实用性,那么对该话题感兴趣的用户读完标题就能意识到阅读这篇笔记是有必要的。

## 4.1.2 写作方法——掌握5个技巧

在设计标题的时候,运营者可以运用一些写作技巧提升标题的吸引力,让更多的用户愿意点开笔记仔细阅读。接下来介绍5个写作技巧,教大家在设计标题时一些应当注意的细节和拓展思路的方法。

### 1. 控制字数

控制字数的意义体现在两个方面:一方面,过长的标题在缩略界面是无法完全显示的,因此可能让用户错失重要信息;另一方面,过长的标题容易模糊重点,而且会让用户失去阅读的耐心。

事实上,很多用户并不会逐字逐句地阅读标题,而是粗略扫视。因此,一个简洁明晰的标题能够让用户一眼就看到关键信息,把握重点。

### 2. 引起共鸣

在众多信息中,用户更关注与自己相关的信息。因此,能够引发用户共鸣的标题更容易吸引用户点开正文进行阅读。

引起共鸣首先要明确目标用户的画像,还要把握目标用户的需求和想法,明白什么内容会使其产生认同感。

运营者可以在标题中加入一些定位标签。图4-3所示标题中的"学生""少女""朝八晚五的打工人"等关键词都是能够引起用户共鸣的定位标签,能让用户快速找到自己想了解的内容,也能让运营者找到具有相关需求的精准用户。

图4-3 带有定位标签的标题

### 3. 品牌效应与名人效应

在设计标题时,运营者还可以适当地利用品牌效应和名人效应。一方面,在标题中加入品牌和名人相关信息能够增加笔记被搜索出来的机会,从而提高笔记的曝光率;另一方面,品牌和名人自身往往都拥有深入人心的标签和定位,将合适的品牌与名人相关信息放进标题,能让用户快速联想到相关的标签,使其快速对账号和笔记建立认知,让短小的标题发挥最大的作用。

需要注意的是,要对放入标题的品牌和名人相关信息进行筛选,它们必须与账号定位、笔记所需吸引的目标用户有一定对应关系,否则可能会适得其反。除此之外,还需避免借助争议人物的形象和热度,以免影响账号形象和产品形象。

## 4. 创设情境

创设情境是指在标题中创建特定的生活场景，通过联系实际情境更加生动地展现笔记的实用性，让用户产生阅读的欲望。

图4-4所示的标题分别创设了两个情境，让用户看到标题之后就能联想到生活中因为"买买买"而堆满的衣橱、生活中因为压力而焦虑的瞬间，这些情境的内心再现可有效激起用户的阅读欲望，推动用户点击阅读笔记。

图4-4 创设具体情境的标题

## 5. 趣味性原则

有趣、新颖的标题不仅能吸引用户的眼球，还能吸引用户的心。归根结底，小红书是一个信息分享平台，用户不仅希望获取干货，也对各种有趣的内容充满了期待。而且，一个幽默诙谐的标题能让账号显得更有生气、更加亲切。因此，运营者在进行标题设计时，需要给标题加入亮点。图4-5所示的这些标题就十分生动有趣。

图4-5 趣味标题

## 4.1.3 使用符号——吸引读者注意力

使用符号能够让标题更加引人注目,在表达上也会显得更生动。在标题设计中,可以将部分内容的表述转换成合适的符号,比如可以将标题转换为反问的形式,结尾加上问号可以加强语气,也可以将标题中出现的关键词换成对应的特殊符号。使用的符号通常包括两种:特殊符号和标点符号。

### 1. 特殊符号

合理地使用特殊符号能够让标题更加生动。如图4-6所示,特殊符号不仅起到了同样的表意作用,而且比单纯的文字更具象,也具有一定的装饰作用,让标题看起来更加美观。

图4-6 特殊符号使用示例

### 2. 标点符号

标点符号能够对文字表达起到辅助作用。因此,若能恰当使用标点符号,也能让标题更加清晰明了。

图4-7所示的标题中就使用了符号"|",将标题清晰地分成两个部分,"|"前面的部分作为标题的主题或者运营者自行设置的标签,"|"后面的部分则是标题的主干。这样的设计让用户一眼就能够从标题中了解笔记的主题和主要内容。

图4-7 标点符号使用示例

## 4.1.4 使用数字——敏感度更高

数据的使用能够体现内容的专业度，而且直观的数字具备更高的敏感度，能给用户留下深刻的印象。

图4-8所示的标题中，"1000"这个具体的数字和"不重样"搭配使用很容易让人心生好奇；而括号中的"第445份"就像将进度条展示在用户面前一样，让用户忍不住点进笔记一探究竟，并且还能给用户一种点进该账号主页查看其他相关笔记的心理暗示；"46块钱"以数字直观地展示了产品的价格，让用户直接感受到产品的便宜程度，从而产生点开该笔记查看产品的冲动。

图4-8 标题中的数字使用示例

假如将这两个标题的数字部分删去，改成"给孩子的不重样早餐""好物分享|平价圆桌"这样的纯文字表达，标题便不够醒目，强调的程度也被大大削弱。

# 4.2 图片的设置

图片对笔记的呈现有着很大的影响，尤其是封面图，它与标题共同影响到用户对笔记的第一印象。美观的封面图是优质笔记的必备要素之一，相反，粗陋而信息杂乱的封面图则会降低笔记的质量，甚至有可能导致笔记被系统屏蔽。有很多用户点开笔记后并不会仔细阅读所有文字，但会逐张翻阅配图，所以图片的美观度直接影响到用户对笔记的喜爱度。因此，图片的设置在笔记创作中至关重要。

## 4.2.1 设置要求——了解要求是前提

在小红书上发布的图片首先必须符合《小红书社区规范》的要求，否则将被平台屏蔽，严重的甚至会被封号。除此之外，还需要注意一些关于图片发布的要求。

## 1. 封面图

多图笔记中的首图会作为封面图自动显示在该笔记缩略界面，如图4-9所示。因此，首图的选择非常重要，必须保证首图美观和富于吸引力。如果提前制作了专门的封面图，那么将封面图添加为第一张即可。

图4-9　多图笔记的首图自动成为封面图

## 2. 其他图片设置

发布图片时，还可以根据需要对图片进行滤镜、标签、贴纸、音乐、文字、边框等6项设置，如图4-10所示。这些设置都能对图片或笔记起到一定的装饰作用。例如，为图片设置配乐之后，用户点开该笔记，点击图片，配乐就会自动播放。

图4-10　其他图片设置

在滤镜设置中，还可以调整图片的各项参数，对图片进行美化，根据需要自行操作即可，如图4-11所示。

图4-11　滤镜设置

## 4.2.2 首图选择——要体现重点信息

在4.2.1中已经说明，多图笔记中的首图，也就是添加的第一张图片会自动成为封面图。因此，运营者可以将一些重点信息展示在首图上，让用户能够一目了然地知晓笔记的基本内容，从而产生阅读的兴趣。在封面图上体现重点信息的方式有两种：直接以图像展示和添加文字展示。

图4-12所示为某阅读推荐账号的主页，笔记标题大多由"书单"和书籍简述构成，封面图则展示实体书的外观及部分内容。用户只需要浏览封面图就能知道这篇笔记的主题是书籍推荐，也能对被推荐书籍的基本信息有一定的了解。

图4-12　展现重点信息的封面图示例

## 4.2.3 封面图——应美观精致

封面图会影响笔记在用户心中的第一印象，美观精致的封面图不仅引人注目，还能为笔记增光添彩。图片的美观精致体现在很多方面，接下来为大家提供几条让封面图更美观精致的思路。

### 1. 精选入镜的素材

对于美观精致的素材，运营者只需简单拍摄就能打造出优秀的画面效果，甚至不需要高超的拍摄技术和后期处理。图片素材包括拍摄主体和背景画面，运营者可以充分运用生活中造型别致的有趣设计，也可以将这些素材收集起来，作为拍摄时的背景画面，为图片增光添彩。

### 2. 提高图片的清晰度

清晰度高能够提升画面质感，增强画面的表现力，打造更佳的视觉效果。图4-13所示的封面图遵循了这一原则，在该图中，香橙曲奇上的纹路清晰可见，显得曲奇美味十足，用户看到封面图食欲大振，自然更愿意点开笔记。

第 **4** 章 从零开始教你写笔记

图4-13 清晰度高的封面图示例

## 3. 别具匠心的构图

构图就是通过对画面主体和各种元素的巧妙安排，构造更加和谐的画面。构图讲究画面的平衡、对比与视角。最常用的构图方法是三角构图，也就是在画面中通过3个视觉主体构建三角区域。除此之外，运营者也可以通过多样化的途径和方法进行探索，不断优化画面布局。

图4-14所示的封面图的构图都别具匠心。第一个案例中，将画面分割为两个相互呼应而色彩完全相异的区域，运用强烈的对比提升了画面的冲击力，且富于内涵；第二个案例由人物和背景物构建了斜三角区域；第三个案例巧妙地将屋里屋外装进同一幅画面，打造出特别的空间感。

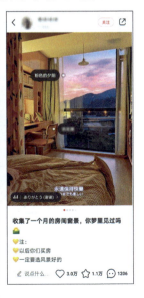

图4-14 别具匠心的构图示例

91

### 4．在色彩上做文章

色彩是画面最直观的体现，美观精致的图片制作离不开对色彩的良好运用。撞色对比能够增强画面冲击力，相近的颜色则使画面看起来更加和谐，复古色能提升画面的底蕴，流行色能快速吸引年轻用户的眼球……而且色彩本身就带有情绪，冷色、暖色所营造的氛围迥然相异，巧妙地运用色彩能有效带动用户的情绪。掌握了色彩的特点、色彩与情绪的关系，运营者能够玩出很多花样。

图4-15所示为色彩的两个典型用法。第一个案例中，封面图的画面整体色彩简单、深沉，该运营者使用彩色油画棒点亮了画面，让画面不仅摆脱了沉闷，还颇具童趣。第二个案例则以蓝色调为主，营造了静谧、幽寂的氛围，使封面图别具韵味。

图4-15　典型的色彩用法示例

### 5．加入一些创意设计

一些具有创意的亮点元素和趣味设计能够成为点睛之笔，为封面图增加吸引力。这种创意设计可以在拍摄前加入构想中，也可以在后期加工中完成，但都需要运营者自己用心思索，发挥想象力。

图4-16所示为两张加入了创意设计的封面图。第一个案例中，画面设计非常简单，但该运营者配上了适宜而俏皮的文字，与憨态可掬的小熊玩偶搭配，产生了十分巧妙的效果，让人忍俊不禁。第二个案例中，该运营者为普通的辅食馒头设计了蓝天白云的造型。试想，如果只是普通的白馒头，这张封面图恐怕就少了许多趣味。

图4-16　创意设计示例

## 4.2.4 图片对比——增强直观性

图片的特点之一是信息表达的直观性,这为信息的高效传达提供了一定的便利。运营者可以通过对比的方式增强直观性,将想要传达的信息深深刻印在用户脑海中。

图片的对比运用常见于产品或者教程的介绍中,如减肥塑形的前后对比、产品使用的前后对比、价格对比、区域对比等。

图4-17所示的是使用调色教程的前后对比、卫生间装修前后的图片对比。运营者将形成对比的图像拼成一张图片,让用户更加清楚且强烈地感受到前后的区别。

图4-17 图片的对比运用

## 4.2.5 个性化——做出区分更易被记住

想令用户印象深刻,图片不仅要美观,还要兼具特色。在形成个人风格的同时还要防止恶意盗图、搬运。图片的个性化区分可以通过以下两种途径实现。

### 1. 个性化模板

个性化模板是指能够体现账号特色的模板。运营者先将发布的图片按照笔记分类制作出统一的模板,写作时只需根据每篇笔记内容进行替换即可。图4-18所示为图片的个性化模板,该运营者将图片的背景、色调、格式、字体等保持为统一的风格,这样用户每次阅读到该账号发布的笔记时都会在脑海中加深一次印象,在下次获得推送时,用户点开笔记的概率就会大大增加。而且,使用固定的模板会令内容更显专业性,也能提升笔记的质量。

图4-18 图片的个性化模板

## 2. 个性化水印

在图片中添加水印也是保护原创作品的一个有效手段，即使图片被搬运到其他平台，用户也能知道图片的出处。小红书的个性化水印包括账号ID和"小红书"字样，有多种模板可供用户自行选择。运营者在上传图片时可以在"贴纸"中自行设置水印模板、调整水印的大小和位置，如图4-19所示。

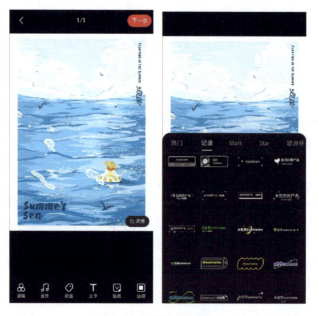

图4-19 个性化水印模板

## 4.2.6 传递干货——更受用户欢迎

通过图片传递干货，也就是说，要让图片尽可能多地传达信息，让用户能够有所收获或者被成功吸引。比如要介绍产品，可以通过图片展示产品的外形、性能、使用效果等，让用户看到配图之后更加了解产品的相关信息，或者产生购买的冲动。运用图片传递干货可以从以下3个方面入手。

### 1. 明确每张图片的意义

只有明确每张图片的意义，才能有的放矢，让图片发挥作用。无意义的图片，既占据了笔记的版面，又浪费了用户的时间，无法给运营者带来帮助。

图4-20所示为一篇记录学习情况的图片笔记。该运营者一共插入了7张图片，其中6张分别对应6项学习内容，首图则是将6张图按顺序拼在一起，制作成封面，让用户通过封面就能大致了解她的学习轨迹。这篇笔记中每张图片的意义都很明确，而且结构清晰，用户能够更加轻松流畅地阅读。

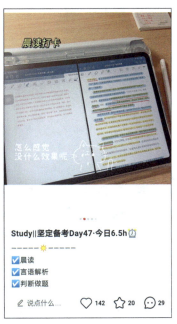

图4-20 明确图片意义

### 2. 适当添加文字注释

在图片中适当添加文字注释，不仅能对图片进行说明，补充图片无法准确传达的信息，还能增加图片的干货密度。文字注释可以直接放进图片，也可以通过添加标签来补充。

将文字注释直接放进图片是指在制图时运用制图软件的加字功能将文字内容放进图片，根据制图需要调整字体和排版，如图4-21所示。通过这种方式添加文字可以使排版更加美观。

图4-21 直接在图片中添加文字

利用添加标签的方式对图片进行一些简单的标注，如图4-22所示。虽然添加标签十分简便，但其显示长度有限，而且样式是固定的，标签过于密集会影响图片的美观度。

图4-22 添加文字标签

## 3. 适当拼图

有时运营者想要展示的图片较多，但一条笔记中允许添加的图片数量有限，那么可以采用拼图的方式制图。常见的拼图样式有双拼、三拼、四拼、六拼，如图4-23所示。

第 **4** 章 从零开始教你写笔记

图4-23 常见拼图样式

同样地，运营者还可以根据配图需要及审美趣味自由拼图，如图4-24所示。特殊的拼图样式能够让画面显得更加活泼。

图4-24 特殊拼图样式

拼图这一方法也常用于封面制作中，最常见的封面类型之一就是将所有配图拼接在一张图内，再加上大字标题，如图4-25所示。这种封面信息齐全、内容直观，能够起到汇总笔记内容、突出笔记主题的作用。

由于小红书无法放大图片，所以为了保证图片内容清晰，拼图不宜过度。一般来说，一次拼接的图片最好不要超过6张。

图4-25 拼图式封面示例

97

## 4.2.7 体现真实——过度美化会被吐槽

追求配图的美观性不能以牺牲真实性为代价,尤其是一些产品、服务的推介笔记,图片中关于产品与服务的介绍和评价必须是真实的,不能弄虚作假,或者过度夸大。体现真实是账号进行内容推广时必须始终坚持的原则。

例如,减肥博主在记录减肥餐和锻炼过程时利用图片美化技术伪造减肥前后对比图,这无疑是对用户的欺骗。再如,口红试色博主在拍摄试色图片时应当保证颜色的真实呈现,不能过度使用滤镜影响到口红颜色的表现效果,误导用户。

# 4.3 笔记内容生产

小红书笔记不仅能够为用户带来趣味内容,还能为用户的生活消费提供参考,正是因为这些笔记包罗万象又各具特色,才让小红书平台不断发展。那么这些笔记内容都是如何诞生的呢?接下来从内容来源、内容加工、内容专题3个维度对笔记内容生产进行介绍。

## 4.3.1 内容来源——UGC和PGC

小红书作为时下热门的好物推荐平台,各方面的好物推荐笔记多如牛毛,而提供数量如此庞大的内容源头主要是UGC和PGC。

UGC(User Generated Content),即用户生成内容,也就是由用户创作发布的内容,绝大多数的小红书笔记都来源于此。事实上,像小红书这种用户容量超过3亿人的热门平台,维持平台的正常运行所需要的原创内容量非常大,很难由平台独立生成,因此它主要依靠用户的活跃创作。为了鼓励用户创作,平台设置了用户等级,将对应的创作任务作为升级条件。

PGC(Professional Generated Content),即专业生产内容。专业生产内容是由官方账号、官方培养或引入的达人账号、名人账号等创作发布的内容。

①官方账号指小红书开设的许多官方垂直账号,如薯队长、生活薯、视频薯、穿搭薯、日常薯、新品薯、走走薯等。

②达人账号是受到平台重点关注的具有一定粉丝量和专业度的个人或团队账号,包括从其他平台引入和本平台培养发展两种渠道。这些达人账号大多在某一领域具有很强的专业性或影响力,能够把握某一领域的热点风向和流行趋势,完成高垂直性的优质内容输出。

③名人账号则是小红书平台邀请入驻的名人账号,这些名人带有巨大的关注度和粉丝基础,并且自带运营团队,能够为平台带来非常可观的热度和流量。

这3类PGC账号都为小红书提供了大量专业的优质内容,具有强大的引流能力,为平台提供了很多话题,带来了很多关注。

## 4.3.2 内容加工——从选题方向入手

每一篇发布在小红书平台上的笔记，都会接受来自系统的自动加工。这种内容加工体现在内容划分和内容修改两个方面。

### 1. 内容划分

小红书上的内容都是由系统自动分类、整合、推送的，这一系列的加工都需遵守一条共同原则：精确分类，严格划分。一切内容、一切机制都为用户的个性化需求服务，要让用户看到自己真正关心、感兴趣的内容。

正因如此，考核笔记质量的一个重要指标就是垂直性。能否被精确地划分在高质量笔记中极大程度上取决于笔记的垂直性。

### 2. 内容修改

小红书的官方垂直账号除了发布原创内容，平时还会转载一些小红书中近期发布的优质笔记，并对其内容进行调整，重新解构笔记的内容，突出核心重点，展示亮点元素。这种转载也是平台对优质内容的重点扶持手段，被官方转载之后，账号的热度和专业认可度都将得到提升。

## 4.3.3 内容专题——专题策划

为了鼓励原创内容的产出、紧跟网络热门风潮，小红书会定期策划一些内容专题。这些专题通常来自平台自主拟定、网络热点、平台热点等，大都有利于平台打造特定形象。

图4-26所示就是小红书平台发布的一个专题，由对应的官方账号"日常薯"发布，同时开设专门的创作话题并推送给每一位用户。小红书官方在策划专题时，通常还会邀请一些名人作为推荐官，提升专题的热度，再加上小红书官方的扶持手段，达到鼓励创作者的目的，同时也有利于平台聚集流量。对作者来说，这种内容专题无疑是一个推广账号的良好机会。

图4-26 官方专题策划示例

# 4.4 视频笔记

小红书中的笔记分为图文笔记和视频笔记两种形式。前面我们已经了解了图文笔记的一些基础设置，接下来为大家讲解视频笔记的创作和发布。

## 4.4.1 设置——小红书视频的上传步骤

根据上传视频端口的不同，小红书上传视频笔记的方式也可以分为两种：手机App端上传和PC网页端上传。接下来将以手机App端为例，具体介绍上传视频的步骤。

**步骤01** 点击小红书主界面下方的红色"+"按钮，如图4-27所示。

图4-27 发布视频入口

**步骤02** 运营者可以选择"拍视频"，也可以在"相册"中勾选视频片段，随后点击"下一步"按钮，如图4-28所示。

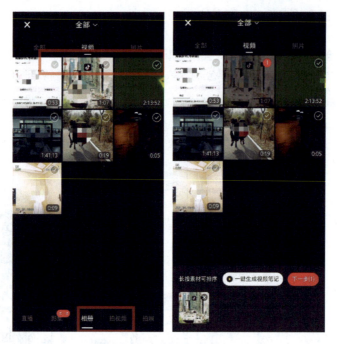

图4-28 添加视频片段

**步骤03** 点击右上方和下方功能按钮可以简单编辑视频，完成后点击"下一步"按钮，如图4-29所示。

第 4 章　从零开始教你写笔记

图4-29　编辑视频

利用视频编辑界面的功能按钮能够为视频增加多样化的效果，让视频更加生动有趣，提升用户的观看体验。各功能按钮的介绍如下。

**滤镜**　：利用滤镜功能可以为视频中的图像添加滤镜效果，也可以对人像进行美颜处理，如图4-30所示。

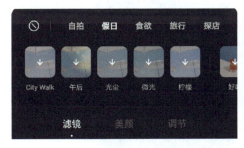

图4-30　滤镜

**画布**　：在画布功能界面可以自主设置视频的画面尺寸，为视频添加画布背景。要设置画布颜色，可以通过拖动进度条在视频中智能取色，也可以自主选择背景颜色，如图4-31所示。

101

图4-31 画布

**剪辑** ✂：在剪辑功能界面，运营者可以拖动进度条至任意位置，再点击右侧"+"按钮插入新的视频片段，点击左侧播放按钮可以随时查看播放效果，点击"分割"按钮可以将视频片段分段处理，如图4-32所示。

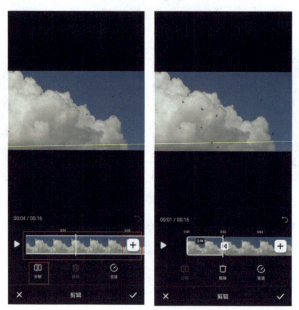

图4-32 剪辑

将视频分段后，在分割处点击" "图标可以添加转场效果，运营者还可以拖动进度条选中各片段进行变速处理，如图4-33所示。

第 4 章 从零开始教你写笔记

图4-33 分段处理

**字幕**◨：字幕功能用于自动识别视频内容并匹配字幕。运营者可以自主修改字幕内容，设置字幕的字体、摆放位置及字号等，如图4-34所示。

图4-34 字幕

**音乐**♪：音乐功能用于为视频添加背景音乐。运营者可以直接选择系统推荐音乐，也可以点击"音乐库"按钮选择更多音乐，如图4-35所示。

103

图4-35 挑选音乐

点击"✂"按钮可以裁剪音乐的长度、选择播放区间,运营者还可以自主调节原声和配乐的音量,如图4-36所示。

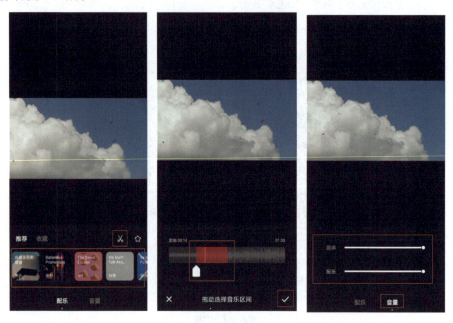

图4-36 音乐

**文字**:编辑视频时可以添加文字。运营者可自主选择文字显示的时间和在画面中的位置,点击"添加文字"按钮可以继续添加其他文字,如图4-37所示。

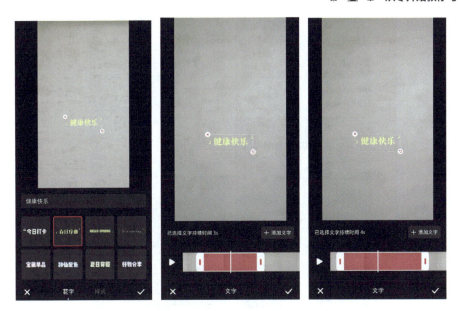

图4-37 文字

**贴纸** ☺：编辑视频时可以添加贴纸。运营者可自主选择贴纸显示的时间和位置，如图4-38所示。添加贴纸操作与添加文字操作大致相同，此处不再赘述。

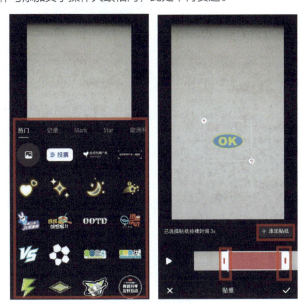

图4-38 贴纸

**标签** ⊘：编辑视频时可以添加标签。运营者可自主选择标签显示的时间，如图4-39所示。

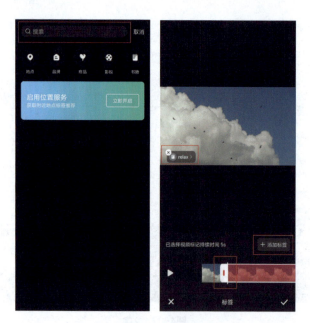

图4-39 标签

步骤04 点击左上角视频缩略图,在弹出框中点击"添加封面"按钮,如图4-40所示。

图4-40 选择封面

步骤05 选择视频中的任意一帧画面作为封面,并选择模板添加标题,如图4-41所示。完成后点击"✓"按钮即可进入笔记编辑页面。

步骤06 填写笔记的标题、正文、话题、地点等信息后,点击"发布笔记"按钮即可发布视频笔记,如图4-42所示。

图4-41 设置封面　　　图4-42 发布笔记

## 4.4.2 方向——3种热门视频内容创作

尽管同属于图像内容的展现形式，且视频比图片具有更强的承载能力和表现能力，但视频的制作成本远高于图片的制作成本。

在当前的小红书平台，视频笔记的创作大致形成了3个热门方向，究其本质，其实都体现着用户求真求实的信息需求。

### 1. Vlog——记录真实生活

Vlog已经成为当前短视频创作的风口。有些Vlog不需要露脸、说话，甚至不需要过多的文字说明，只是简单地记录日常的生活片段、"打卡"瞬间，就能够收获极高的热度。

Vlog的内容与小红书的口号"标记我的生活"相契合，主要包括生活的碎片化内容和学习、工作、健身等"打卡"瞬间。Vlog依靠容易引发共鸣的内容和节奏缓慢却井然有序的理想生活状态等备受用户的喜爱。由此也可以看出，Vlog的走红，一方面是它抓住了用户的求同心理，另一方面是它以简单明晰的形式很好地适应了短视频兴起的热潮。Vlog在短短几分钟时间内，在创作成本和观看的时间成本都不高的情况下，为用户构建了一种真实且美好的生活状态。

不过，在Vlog走红的同时，其竞争也在不断加大。为了避免自己发布的Vlog被同质化的内容淹没，建议运营者在创作中加入一些个性化标签。如图4-43所示，"独居男孩""一人食""20岁独居"就是一些清楚的个性化标签。加入个性化标签，不仅能让你的Vlog和账号都获得更高的辨识度，还能让更多对你的真实生活感兴趣的用户找到你。

图4-43　Vlog笔记示例

## 2. 测评、体验——呈现真实产品

测评、体验类视频笔记包括产品测评笔记、线下探店笔记等。这一类型的视频笔记能够拉近与用户的距离，将产品真实地呈现给用户，并且能够带来可观的变现收益，因此它也是商业合作推广的常用途径之一。

图4-44所示为某探店博主的账号主页。该博主的探店对象是长春市内各种有趣的店铺和热门景点，其笔记都是以视频的形式记录探店的过程，结合简洁精练的讲解，让用户对所介绍的对象产生具体而深刻的印象，获得更强的代入感。该账号发布的视频时长都在一分钟以内，同时还会添加轻快悦耳的背景音乐，优化用户的观看体验，从而提高视频的完播率。

图4-44　某探店博主的账号主页

图4-45所示为某探店博主发布的探店笔记。该笔记以图文形式详细介绍了门店的基本情况和推荐单品，对门店的环境和服务水平也进行了简单点评。笔记内容其实比较充实，但热度并不是特别高，导致其被淹没于数以万计的美食探店笔记中。

图4-45 探店图文笔记

图4-46所示为该博主发布的同一家店的视频探店笔记。该视频其实只是选取了门店的一个亮点做展示，热度却远高于图文笔记，原因大致有二：一是运营者选取的亮点比较新颖，能够激起用户的兴趣；二是视频的记录方式更加生动鲜活。相比于阅读连篇累牍的文字，用户更愿意通过观看一个简单直观的小视频来获取信息，这是视频笔记的优势所在。

图4-46 探店视频笔记

综上，在创作测评、体检类的视频笔记时，运营者应当坚持两个原则：一是求真，务必用镜头展现真实，带给用户身临其境般的体验；二是求精，一分钟的视频很难面面俱到，如何捕捉并展现亮点，让用户能够津津有味地看完视频，这是每位视频笔记的创作者都应当不断思索的问题。

### 3. 制作教程——展示真实过程

制作教程包括一些手工制作、美食制作、学习教程等。视频笔记能够更加清晰地呈现教程内容，让用户直观地把握每一步的具体操作，便于上手实践。

图4-47所示为某摄影教程博主的账号主页。该博主发布了许多与Vlog制作相关的教程笔记，由于所发布内容多为软件的使用操作，通常以操作录屏配合讲解的形式进行展示，所以向用户展示的操作过程是连续的。而且在进行一些较为复杂的操作时，运营者会停下来进行详细讲解，灵活调整讲解节奏，传达效果更佳。

图4-47 制作教程

## 4.4.3 制作——短视频剪辑加工的技巧

想要使视频笔记更受欢迎，除了别出心裁的内容设计，短视频的剪辑与后期加工也不能忽视。接下来介绍运用剪辑加工提升视频质量的具体方法。

### 1. 视频时长

小红书对视频的限制时长是5分钟，为了保证较高的完播量，让用户能够看完整个视频，最好将视频时长保持在2~3分钟，尤其是一些节奏较慢的展示性视频。时长过长可能会让用户失去观看的耐心。

### 2. 拍摄工具

运营者可以直接利用手机和支架进行简单拍摄，当然，使用专业设备更好。总之，要尽可能保证视频的清晰度质量。另外，一些特别的设备能够改善拍摄条件，提升视频的质量。

（1）手机广角镜头

手机广角镜头弥补了手机像素较低的缺点，而且能够将更多风景纳入拍摄画面，常用于旅游视频、Vlog等的拍摄。而且运用广角镜头进行拍摄，能够利用畸变效果延伸画面，提升视觉效果和画面的表现力。

（2）专用背景布

在室内拍摄时，如果没有专门用于拍摄的工作室或布景，背景布是绝佳的替代品。背景布的成本不高，布置起来也很简单，能为画面质感提供保障，避免杂乱无章的背景影响视觉效果。运营者可以直接使用纯色的背景布，也可以使用有设计感的背景布，打造更加独特的视觉效果。

图4-48所示的笔记配图都使用了纯色背景布。第一篇笔记的配图属于艺术照，纯色的背景布让画面显得干净有质感，而且突出了拍摄的主体。第二篇笔记的配图是在宿舍中拍摄的，为了避免私人物品入镜，优化画面效果，该运营者也使用了背景布。

图4-48 背景布的使用

（3）稳定器

稳定器最突出的作用就是使镜头更加稳定，避免手抖导致画面抖动甚至失焦，影响视频质量。而且稳定器的云台可以提供更加丰富的拍摄功能，如旋转、变焦等，很多云台还支持延时拍摄，能够为拍摄带来更多的可能性。

（4）声卡和麦克风

声卡和麦克风能够提升音频的录制效果，对音色的表现和音程的稳定性都有很好的优化效果，二者择其一即可。如果对音质有较高的追求，建议选择麦克风。

（5）美颜补光灯

美颜补光灯不仅能够调节光线条件和画面氛围，在拍摄人像时还能产生一定的美颜效果。图4-49所示的笔记配图分别是在光线昏暗的室内场景和夜景下拍摄的，美颜补光灯对拍摄的清晰度起到了很大的帮助，明暗效果的对比也使画面更有层次，提升了画面的质感。

图4-49　美颜补光灯的使用

### 3. 视频封面

由于视频封面只能通过从视频中截取画面进行设置，最好将制作好的视频封面作为开头嵌入视频中，如图4-50所示，这样能使视频结构更加清晰完整。

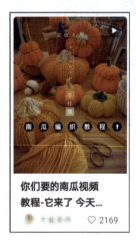

图4-50　加入视频封面

## 4.5　其他设置也很关键

想要让一篇笔记获得高热度，除了在内容上下功夫，还有一些其他技巧。本节将为大家介绍影响笔记曝光率和热度的其他设置，做好这些工作，笔记推广就能事半功倍。

## 4.5.1 推送时间——掌握24小时法则

小红书笔记的推送时间其实暗藏许多学问，掌握推送的黄金时段，能够让目标用户更容易看到运营者推送的内容，从而有效地降低推送成本。

### 1. 考虑审核时间

运营者发布的每篇笔记都要经过平台的严格审核，确定没有违规内容、敏感词等，笔记才会被真正发布出来，推送给平台用户。一般来说，一篇笔记需要经过小红书系统自动审核和人工审核两道关卡，这都需要花费时间，因此，运营者在确定推送时间时，也应当考虑审核时间，以免由于审核导致推送时间与发送时间偏差过大，贻误时机。

### 2. 根据受众确定黄金时段

推送的黄金时段不是固定不变的，它由目标用户决定。运营者需要用心把握目标用户的生活规律和习惯需求，找到合适的黄金时段。

如果要发布一篇针对在校生学习效率提升方法的笔记，那么黄金时段就是工作日的晚上和周末的白天，因为这是学生在家学习的时间，能上网的时间比较多，看到该笔记的概率比较大。同理，假如要发布一篇护肤笔记，那么晚上八点到十点之间刚好是年轻女性结束了一天的工作、学习，开始晚间护肤的时间，在这个时间段发布，笔记更容易被点开阅读。

### 3. 把握平台推送时段

为了给用户带来更好的使用体验，也为了给平台带来大量、长期的热度，小红书会对平台用户的使用情况进行统计分析，并调整、完善平台的集中推送时段。

小红书的平台推送时段主要有4个，分别是9:30前后、12:00—13:30、18:30前后和21:30前后。运营者尽量在这4个时段发布笔记，别忘记预留审核时间。

## 4.5.2 添加位置——增加笔记曝光率

小红书的笔记推送机制也包括地域推送。用户能够在"同城"中收到同城笔记的推送，因此在笔记中添加位置也能增加笔记的曝光率。

位置的添加是手动输入并选择的。也就是说，可以根据需求设置定位地点，由此锁定特定区域的目标用户。另外，一些探店类的笔记也可以通过添加地点将准确位置告知读者，达到有效推广和精准引流的目的。在笔记中添加位置的方式有以下两种。

### 1. 直接添加地点

直接添加地点是在发布笔记时，在发布界面为笔记添加地点信息，图文笔记和视频笔记都可以使用这种方式添加地点。具体操作步骤如下。

**步骤01** 进入笔记内容填写界面，点击"添加地点"按钮，如图4-51所示。

**步骤02** 在搜索框中输入准确地点即可，如图4-52所示。

图4-51 添加地点入口

图4-52 输入需要添加的地点

### 2. 添加地点标签

添加地点标签是在上传笔记配图时，在图片上添加地点标签。这种方式适用于图文笔记和视频笔记。具体操作步骤如下。

**步骤01** 在选择图片界面点击"下一步"按钮，如图4-53所示，进入图片设置界面。

**步骤02** 在底部工具栏中，点击"标签"按钮，如图4-54所示。

图4-53 进入图片设置界面

图4-54 添加标签入口

**步骤03** 点击"地点"按钮后，在搜索框中输入位置信息即可，如图4-55所示。

图4-55 输入标签

# 第 5 章

# 运营好小红书，图片是关键

美观的图片是让笔记脱颖而出的利器。一方面，图片的美观度受拍摄技巧、构图、拍摄对象等因素的影响；另一方面，后期处理也能为图片增添亮点。当前，各种图片处理软件多如牛毛，令人眼花缭乱，本章将从特色功能、实际运用切入，带大家认识几款常见的图片处理软件。

# 5.1 图片处理工具——功能强大，一应俱全

在制作笔记配图时，运营者经常面临许多图片处理问题，比如如何将产品的前后对比图拼接为一张、如何替换背景保留图片主体、如何制作纯文字的干货笔记配图等，图片处理看起来花样百出，但实际上并不复杂，只要选择合适的App，便可轻松完成相关操作。本节将为大家介绍两款常用的图片处理工具及其常用功能。

## 5.1.1 美图秀秀

美图秀秀是使用度较高的一款修图App，功能也比较全面。下面主要对美图秀秀中的图片美化、人像美容和拼图三大功能进行介绍，教大家使用美图秀秀制作精美实用的笔记配图。

### 1. 图片美化

利用图片美化功能可以对手机相册中的图片进行美化，除了可以对图片的色彩、曝光等多项参数进行调整外，它还能制作纯色底图，这是很多手机端的图片处理软件不具备的功能。接下来就为大家具体演示。

步骤01 在手机应用商城下载并打开美图秀秀App，如图5-1所示。

步骤02 在美图秀秀首页中点击"图片美化"按钮，如图5-2所示。

图5-1 打开美图秀秀App

图5-2 "图片美化"入口

步骤03 点击"制作壁纸"按钮，为封面图选择背景颜色，如图5-3所示。用户可以直接选色，也可以点击"■"按钮选择更多颜色。选择完毕后点击"下一步"按钮，如图5-4所示。

图5-3 制作壁纸

第 **5** 章　运营好小红书，图片是关键

图5-4　为封面图选择背景颜色

 在下方功能区中点击"编辑"按钮，选择尺寸裁剪图片，点击"✔"按钮，如图5-5所示。

> **提示**
>
> 除了原始尺寸，小红书还支持上传"1∶1""3∶4""4∶3"三种尺寸的图片，如果运营者在制图时需对图片进行裁剪，小红书仅支持裁剪"1∶1""3∶4""4∶3"三种尺寸的图片。

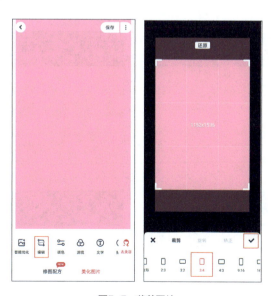

图5-5　裁剪图片

 为了使图片更加独特美观，用户可以自己制作具有特色的"贴纸"，如图5-6所示。

117

图5-6 添加贴纸

**步骤06** 选择自定义贴纸的素材图,如图5-7所示。

 提示

这一功能也可以用来在模板中添加一些现成的图片素材,如商品图等。

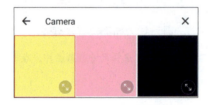

图5-7 选择自定义贴纸的素材

**步骤07** 点击"形状"按钮,选择相应的形状之后,将其拖至合适的位置,完成后点击"▷"按钮,如图5-8所示。除了可以快速切割出标准图形的"形状"功能,用户还可以使用"画笔"功能自由选择区域,拖动滑轮即可调整"画笔"的尺寸,如图5-9所示。

图5-8 "形状"功能　　图5-9 "画笔"功能

步骤08 在"效果选择"页面为自定义的贴纸描边。点击"🎨"按钮设置描边颜色,完成后点击"✓"按钮,如图5-10所示。

图5-10 贴纸描边

步骤09 拖动贴纸素材,将其调整至合适的大小和位置,如图5-11所示。

图5-11 调整贴纸

提示

点击"　"或"　"按钮,可以撤销已添加的内容或者取消撤销,如图5-12所示。长按"　"按钮可以查看添加贴纸前的图片效果。使用这两个功能可以对比操作前后的图片效果并进行修改,如图5-13所示。

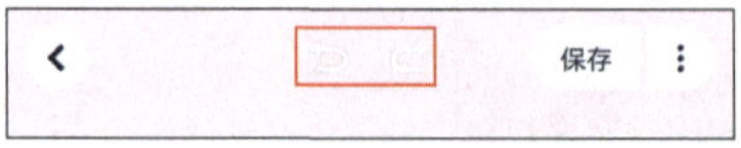

图5-12 撤销和取消撤销

图5-13 效果对比

**步骤10** 在使用记录" "页面选择贴纸,将贴纸调整至合适的大小和位置,完成后点击" "按钮,如图5-14所示。

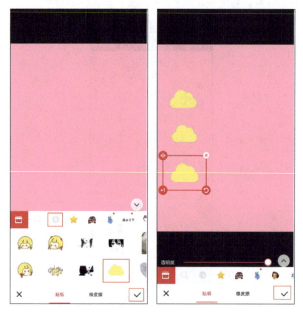

图5-14 再次添加

**步骤11** 点击"文字"按钮,在"气泡"页面中选择合适的模板,如图5-15所示。

第 **5** 章 运营好小红书，图片是关键

图5-15 添加文字界面

**步骤12** 点击选择的气泡模板进入编辑界面，输入文字，选择颜色和字体，在"样式"页面中调整"透明度""粗体""阴影"，然后点击"✓"按钮，如图5-16所示。

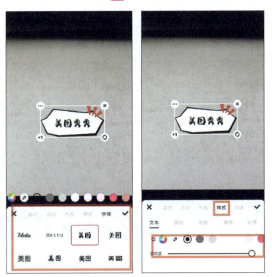

图5-16 编辑文字内容

**步骤13** 将气泡调整到合适的大小和位置，点击"✓"按钮完成对气泡的编辑，点击"水印"按钮，选择合适的模板，如图5-17所示。

**步骤14** 点击图片中的水印即可进入编辑界面，输入文字并调整水印的字体和样式，完成后点击"✓"按钮即可，如图5-18所示。

121

图5-17 添加水印　　　　　图5-18 编辑水印

**步骤15** 点击"+1"按钮可复制水印，修改文字后调整水印的大小和位置，如图5-19所示。

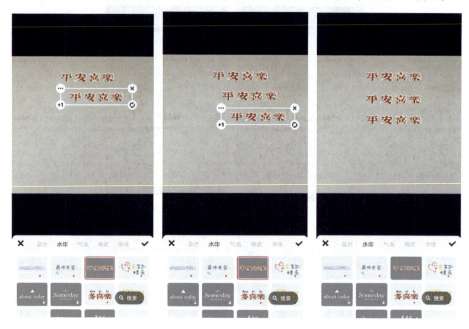

图5-19 复制水印

**步骤16** 在"涂鸦笔"页面中选择合适的模板，拖动滑轮可调整画笔的粗细，使用画笔涂抹图片中的空白区域可以起到装饰和填充画面的作用，完成后点击"✓"按钮，如图5-20所示。

图5-20 涂鸦笔

**步骤17** 在"边框"页面中选择合适的模板后,两指拉伸图片调整图片大小,拖动调整图片位置,使图片适应边框,完成后点击"✓"按钮,如图5-21所示。

图5-21 添加边框

**步骤18** 点击"保存"按钮即可完成操作,如图5-22所示。

图5-22 保存

## 2. 人像美容

人像美容就是对人像进行美化。人像美容是美图秀秀中使用率比较高的功能，仿妆、护肤、发型教程类笔记的配图处理都需要用到它。但运营者在使用此功能时要注意选择图片，只有包含清晰正脸的图片才可以被系统识别出人脸，否则无法使用该功能。

人像美容的功能包括"一键美颜""美妆""面部重塑""瘦脸瘦身""磨皮"等，如图5-23所示。其中"一键美颜"功能是对整张图片进行快速的综合性美化处理，而且可以自主调整美化程度，若只需局部美化人像，进入对应的功能界面自主调整即可。

图5-23 人像美容功能一览

## 3. 拼图

利用拼图功能，既可以拼接两张或两张以上的图片，也可以对单图进行处理。一次性处理的图片数量不能超过9张。拼图功能可以分为"海报""模板""拼接""自由"四大分区。

在"模板"分区中，美图秀秀App提供了现成的图片拼接模板，供用户自主选择。这些模板都没有特殊装饰，只是简单地将多张图片拼成一张。值得注意的是，美图秀秀App还提供了尺寸分类，根据小红书对上传图片的尺寸要求，一般推荐使用3∶4或4∶3的模板，如图5-24所示。

图5-24 模板

在"海报"分区中，可以将图片嵌入海报模板中的固定位置。根据图片数量的不同，系统会自动提供对应的模板，如图5-25所示。

图5-25 海报

在"自由"分区中，用户同样需要自主选择背景，并将待拼接的图片自由覆盖至背景上，它与海报拼图最大的区别就是图片的摆放位置和大小可以灵活调整，如图5-26所示。

图5-26 自由

"拼接"与"模板"的拼图方式比较相似，都是将图片直接拼起来，但在"拼接"图片时，可以在图片的连接处添加具有装饰性元素的分割线或边框，如图5-27所示。

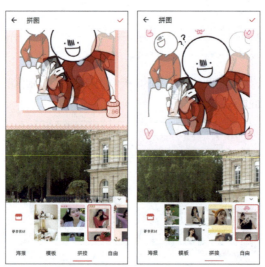

图5-27 拼接

简单来说，如果只需要拼接图片，那么使用"模板"就可以直接满足需求；如果想在连接图片的同时加一些小装饰，让图片更加美观生动，那么最好使用"拼接"。在使用拼图功能时，点击图片就会弹出图片的编辑调整界面，在该界面中可以为图片添加滤镜、旋转图片、左右或上下翻转图片，如图5-28所示。

第 **5** 章 运营好小红书，图片是关键

图5-28 用拼图功能编辑图片

在拼图过程中，系统会自动根据用户选择图片的顺序为图片安排摆放位置，用户也可以通过拖动图片调换位置。

## 5.1.2 PicsArt美易照片编辑

PicsArt美易照片编辑（以下简称美易）是一款功能全面的图片编辑软件，用户通过手机就可以实现多样化的图片处理，如"照片""绘图""拼贴画"等功能都可以在手机端使用。虽然美易有大量功能需要付费才能使用，但它的免费功能已经能够满足大部分用户的使用需求。总体而言，美易是一款性价比非常高的软件。接下来以手机端为例，详细介绍美易的功能。

### 1. 丰富全面的功能

美易最突出的优点就是它具备了多种多样的图片处理功能，除此之外，它还拥有海量的贴纸素材、背景素材和照片素材，可以满足用户的多样化需求，如图5-29所示。

图5-29 功能

美易的图片处理功能丰富多样，如图5-30所示，当用户需要为图片添加"滤镜"时，既可以从非常丰富且优质的滤镜中挑选，也可以选择不同滤镜相叠加的方式，打造更加多变的图片效果。这种功能为图片处理提供了更加丰富的可能性。

127

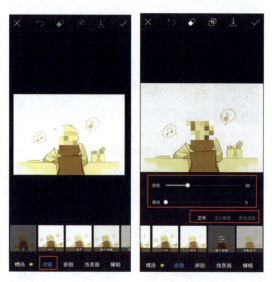

图5-30 丰富的滤镜功能

## 2. 简单抠图

在创作穿搭、测评类笔记时,需要将多张商品图添加到一张图片里,再添加说明。如果商品图自带背景色,看起来就不太和谐美观,操作起来也有诸多不便,这时就需要用到抠图功能,将原始图片修改为PNG格式的透明底图片。美易能够简单快捷地帮助运营者完成抠图,具体步骤如下。

**步骤01** 打开美易App,点击"➕"按钮,在"所有照片"中选择图片进行操作,如图5-31所示。

图5-31 选择图片

第 5 章  运营好小红书，图片是关键

步骤 02  点击"抠图"按钮，在"轮廓"页面中，拖动滑轮可调整笔刷尺寸，涂抹需保留区域的边缘，完成后点击"→"按钮，如图5-32所示。

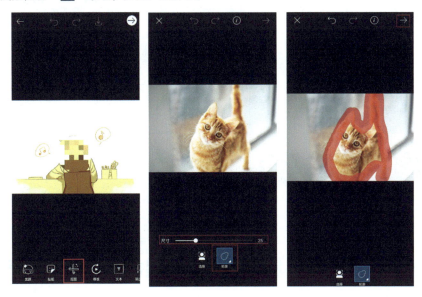

图5-32  描边

步骤 03  在图5-33所示的界面中，点击"预览"按钮即可查看当前抠图效果。如果背景没有抠除干净或图片主体有所缺失，可通过点击"恢复"按钮和"清除"按钮再次调整涂抹区域，调整完毕后点击"保存"按钮可直接保存图片。

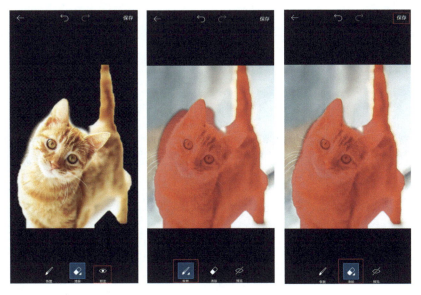

图5-33  细节优化

步骤 04  保存后点击"↓"按钮可以保存图片到相片库；点击"→"按钮跳转到分享页面，可以点击"图片库"保存到图库，也可以选择分享到其他平台。如图5-34所示。

129

图5-34 保存与分享

## 5.2 图片美化工具——滤镜调色，应有尽有

为了使配图更加美观，运营者常常需要对照片进行后期处理。本节将介绍4款常见的图片美化工具，并对其操作界面与基本功能进行简单讲解。

### 5.2.1 醒图

醒图是一款操作简单、功能全面的修图软件。醒图的滤镜质量很高，能保证图片不被过度压缩，而且不需要付费解锁功能，受到广大用户的欢迎。接下来为大家一一介绍醒图的常用功能。

#### 1. 调色

小红书上有大量图片调色的教程可供参考，在具体操作时只需要根据不同图片的属性更换滤镜，调整各项参数即可。通过醒图的"滤镜"和"编辑"两大功能，可以完成图片调色处理。具体操作步骤如下。

步骤01 打开醒图App，点击"导入"按钮，选择待处理图片，如图5-35所示。

第 **5** 章 运营好小红书，图片是关键

图5-35 导入照片

**步骤02** 选择合适的滤镜后，拖动滑轮可以调整滤镜的参数，如图5-36所示。

**步骤03** 点击"调节"按钮，调整各项参数，调整过程中注意观察当前图片效果，以确保整体画面的和谐，如图5-37所示。

图5-36 滤镜

图5-37 编辑

**步骤04** 在"构图"页面中选择"4：3"尺寸裁剪图片，点击""按钮，如图5-38所示。

131

图5-38 裁剪

**步骤 05** 点击"⬇"按钮,等待"保存成功"字样出现即可,如图5-39所示。

图5-39 保存导出

## 2. 人像

人物照片可以在"人像"功能区中进行加工处理。"人像"中的功能包括"瘦脸瘦身""自动美颜""手动美颜""美妆""面部重塑""消除笔""手动美体""五官立体""妆容笔""自动美体""抠图",如图5-40所示。穿搭、美妆、护肤类账号都需要运用该功能美化配图。

图5-40 人像

### 3. 其他功能

除了上述功能外,用户可以通过"调节""贴纸""特效""文字""涂鸦笔""背景"等功能进一步美化图片,如图5-41所示。

图5-41 其他功能

运营者可以为图片添加背景,同一篇笔记的配图最好不要使用风格差异过大的背景,以免破坏笔记配图整体风格的统一与和谐。一些运营者会固定使用某一种背景,将其作为本账号笔记的固定模板,如图5-42所示,这样可以有效提升笔记的辨识度。用户每次看到熟悉的配图,都是对账号记忆的一次强化。

图5-42 笔记配图中的背景使用

"文字"功能一般用于在图片中加入笔记标题和文字标注。比如为封面图添加笔记标题和导语，在测评类笔记的图片中添加说明信息，在好物推荐类笔记中添加商品名称，等等。

"贴纸""特效""涂鸦笔"主要起装饰图片的作用，当画面比较空旷或单调时，这些功能可以用来装点图片、点亮画面。但在装饰图片的过程中，也要注意保持整体画面的干净整洁、图片色调的统一和谐，以免装饰过于繁杂，影响图片美观度。

## 5.2.2 泼辣

泼辣是一款图片处理软件，有PC端、网页端、手机端多个端口，功能强大，仅使用手机端也可以满足用户处理图片的基本需求。而且泼辣最大的优点是能够避免图片失真，提升图片质感和逼真感，非常适合用来对各种真人照片、风景照、静物照等图片进行加工处理，因此受到很多用户的喜爱。接下来将以手机端为例，教大家使用泼辣进行图片处理的方法，具体操作步骤如下。

步骤01 打开泼辣App，点击"打开图片"按钮，选择待处理图片，如图5-43所示。

图5-43 选择图片

步骤02 在"重构"页面中点击"自定义比例"按钮，可选择尺寸裁剪图片，如图5-44所示，点击"✓"按钮完成图片裁剪。

步骤03 在"风格"页面中选择合适的风格，拖动滑轮调整参数，如图5-45所示，点击"✓"按钮完成图片裁剪。

第 **5** 章　运营好小红书，图片是关键

图5-44　重构　　　　　　　　　图5-45　风格

 提示

"创建风格"这一功能可以将已生效操作保存为自定义"风格"，方便用户再次使用，避免重复操作。"导入风格"则是通过扫描二维码获取其他用户创建的自定义"风格"。这两个功能共同为用户之间的分享、学习提供了便利。泼辣的官方微信号也会为用户提供大量自定义"风格"，用户可以自行保存并导入使用，付费订阅后还可以解锁"批量导入风格"这一功能，如图5-46所示。

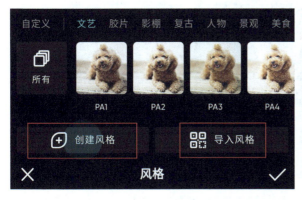

图5-46　创建风格和导入风格

**步骤01** 点击"选取局部"按钮，在"选色"页面中调整图片中同色区域的各项参数，完成后点击"✓"按钮，如图5-47所示。

图5-47 选取局部

**步骤 05** 点击"所有工具"按钮，随后点击"HSL"按钮，分别对黄色、橙色、红色等3个颜色的参数进行调整，使画面显得更加鲜活生动，如图5-48所示。

图5-48 HSL

 提示

在"HSL"编辑界面中，用户可以调节图片中的单一颜色，并对色彩的3个基本属性的参数进行调节。色相是色彩的首要特征，简单来说，色相就是用于区别不同颜色的标准，色相的参数数值越高，颜色就越正。饱和度是指色彩的纯度，参数数值越高，色彩纯度就越高，反之则会变灰。明度则是色彩的明暗度。

第 5 章　运营好小红书，图片是关键

步骤06　点击"色彩"按钮，可以适当调节"自然饱和度"参数。点击" "按钮，在弹出框中查看操作记录并切换效果，下滑收起弹出框，继续调节其他参数，如图5-49所示。

图5-49　调整参数

步骤07　在"所有工具"页面中点击"笔刷"按钮即可添加新笔刷，在"选取局部"页面中点击新增的"笔刷"按钮进入编辑界面。点击" "按钮，再涂抹图中待调整部分，可以自定义笔刷的生效范围。点击" "按钮可以擦除多余部分，完成后调整各项参数，所调整的参数仅对刚刚涂抹的范围生效，如图5-50所示。

图5-50　自定义笔刷

步骤08　在"所有工具"页面中点击"曲线"按钮，再点击" "按钮，拖动曲线调整图片效果，如图5-51所示。

137

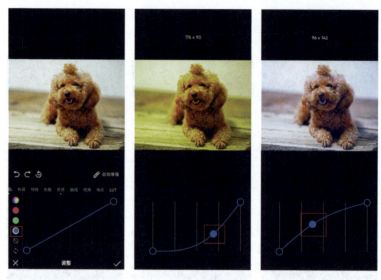

图5-51 曲线

**步骤09** 完成操作后,点击"⬆"按钮,随后点击"保存副本"按钮即可,如图5-52所示。

图5-52 保存成品

需要注意的是,在实际的图片处理过程中,操作往往要因图制宜,不同色调、不同对象、不同场景、不同光线条件的图片所需的操作都不一样;审美更是因人而异,具有一定的选择性,用户不必调整每一项参数。因此,以上操作示例仅仅是对泼辣的修图功能进行介绍和展示,并为大家处理图片提供一些思路。

## 5.2.3 Snapseed

Snapseed是一款拥有丰富功能、轻松易上手的图片处理软件,兼有iOS和安卓版本,但当前在应用市场中没有上架安卓版本，需要下载安装包安装。下面以安卓版本为例，讲解Snapseed的功能界面和优势。

### 1. 基本界面

图5-53所示为Snapseed的初始界面，和大多数图片处理软件一样，界面非常简洁，而且没有广告，用户在初始界面点击任意位置即可快速进入相册选图并进行处理。

图5-53　初始界面和图片导入

图5-54所示为"滤镜"的设置界面。Snapseed提供的滤镜大多自然清新，能够保持图片本身的质感和风格，非常适合用来处理人物和风景照片。

图5-54　滤镜样式

图5-55所示为Snapseed的"工具"界面，通过这些工具可以实现对图片的多样化处理与效果调整。Snapseed的功能齐全体现在它不仅能够调整图片的整体效果和色彩，还能添加"文字"和"相框"，对于小红书笔记配图的制作，它可以满足除快捷拼图以外的大部分需求。

图5-55　工具一览

Snapseed的功能分类十分清晰，基本上都是根据使用逻辑进行划分的，用户翻找起来也比较方便。用户只需点击"⬙"按钮，就能进行"撤销""重做""还原""查看修改内容""QR样式"等一系列操作，如图5-56所示。

图5-56　点击"⬙"按钮

值得一提的是，在"QR样式"中不仅可以将已生效的操作创建为"样式"以供自用或分享，还可以扫描他人分享的"样式"，这与泼辣的"风格"功能类似，都是通过用户之间的交流学习为快捷修图提供更丰富的可能性，如图5-57所示。

图5-57　已生效操作

不同于泼辣等修图软件，Snapseed的"导出"功能非常醒目，导出的方式也比较多样化，甚至可以自主选择导出的文件夹，如图5-58所示。而且Snapseed在"导出"时也不会过度压缩图片。

图5-58 导出

### 2. 软件优势

近年来图片处理软件越来越多,它们的功能往往大同小异,但成功的软件能在细节上做出特色。Snapseed的优势主要体现为以下4点。

(1)注重细节的增强效果

相比单纯的线性叠加,Snapseed对色彩效果、曝光度等的调整相对温和,它更加重视细节,这一点在功能设计上也得到了体现。因此,在进行图片处理时,一些粗放的操作处理也能更好地被包容。换言之,Snapseed对图片自身的质感和层次拥有较为完整的维系体系,因此在图片处理上并不强调夸张的效果。

(2)重视实用性的功能优化

Snapseed提供了大量的实用功能,在常用功能中也增加了更具实用性、延展性的优化设计,为用户实现多样化的图片处理提供了可能性。它支持不同角度的旋转功能,提供多角度、多方位的画面填充,在Snapseed中使用透视拉伸等曲线功能也能保证背景的变形程度维持在合理的水平。Snapseed的"旋转""展开""视角"功能如图5-59所示。

图5-59 "旋转""展开""视角"功能

### （3）自定义导出图片大小

Snapseed支持自主设置导出图片的大小，用户可以根据自身的需要进行选择。这一功能能够最大限度地保证图片画质，同时满足实用需求，如图5-60所示。

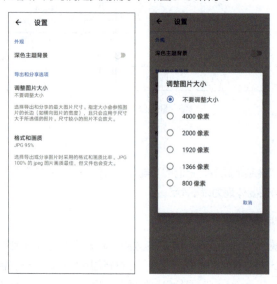

图5-60 自定义设置

### （4）精确化处理

Snapseed对图片区域的调整非常智能化，它可以对图片进行精确处理。很多用户在进行图片处理时大概都会有这样的困扰：进行人物处理时如何避免影响背景的色彩效果？调节背景曝光量时如何准确地绕开人物？Snapseed很好地为用户解决了这些问题。

## 5.2.4 VSCO

VSCO是一款兼具摄影功能与图片处理功能的软件，它有PC端和手机端两个版本，手机端使用起来方便快捷，体验感更佳。

使用VSCO不仅可以制作出颇具胶片感的图片，而且可以保存原图，能够降低图片的压缩程度。在使用上，它的操作并不复杂，且提供了大量优质滤镜，一键就可以生成美观且具有质感的图片。但VSCO的大多数滤镜仅限会员使用，部分功能也只向会员开放，如视频编辑、图片编辑中的"边框"和"HSL"等。因此，如果要使用这款软件进行图片处理，最好购买会员。接下来以手机端为例，为大家详细介绍VSCO的功能与特色。

### 1. 一次性导入多张图片

如果要对相册中的图片进行处理，首先要导入相册中的图片，VSCO支持一次性导入多张图片，用户可以同时选中所有需要处理的图片，再点击"导入"按钮，即可一键导入所有选中的图片，如图5-61所示。当用户需要处理大量的图片时，这一功能能够让用户节省不少时间，提高图片处理的效率，有更好的使用体验。

第 5 章　运营好小红书，图片是关键

图5-61　导入图片

## 2. 极具胶片质感的"滤镜"

VSCO被人熟知的是其极具胶片质感的滤镜，它提供的滤镜种类也十分丰富，能够有效满足用户的需求，不同场景、不同风格、不同色调的图片都能找到与之相宜的"滤镜"。不过，当前免费开放的"滤镜"只有10款，其余"滤镜"仅对会员开放，如图5-62所示。

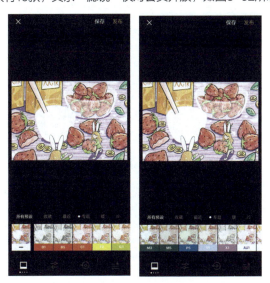

图5-62　VSCO滤镜

VSCO的"滤镜"按照风格与色调分为"专题""暖""冷""活力""黑白""肖像""自然""都市"8类，用户可以根据需要处理的图片类型自主选择滤镜。选中某款滤镜后，再次点击该滤镜可以调节滤镜效果，长按该滤镜可以将其收藏，方便再次使用，如图5-63所示。

143

图5-63 调节、收藏"滤镜"

## 3. 配方

在VSCO的"配方"功能中，可以看到对当前图片进行的已生效的所有操作，点击各项操作可以快速进行修改，也可以一键删除所有效果，点击"撤销"按钮还可以撤销删除，如图5-64所示。这一功能为图片处理提供了非常大的便利。

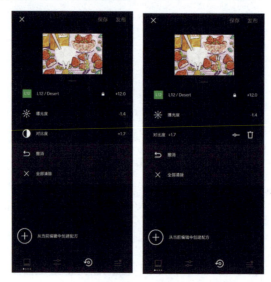

图5-64 配方

已生效的操作可以被创建为"配方"，在下次处理图片时直接使用，如图5-65所示。这实现了批量化图片处理，极大地减少了图片处理的工作量。会员可以同时创建的"配方"数量最多为10个，非会员只能创建1个。

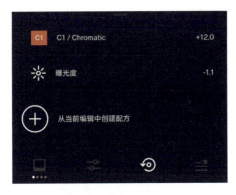

图5-65 创建"配方"

## 5.2.5 Foodie

Foodie是一款主打美食滤镜的图片处理软件，优点是图片处理的功能齐全，即便是处理非食物图片也没有问题，免费功能丰富，使用体验较好。

值得一提的是，很多修图App都会提供平台内部的交流社区，用户可以将自己的修图作品分享到社区中，并与其他用户开展互动交流。同时，这些已发布作品的处理操作会被系统记录下来，生成一套修图模板，供其他用户套用。Foodie也支持这种模板套用的形式，设置了"一键调色"的展示平台，如图5-66所示。而且还在修图界面中设计了"食谱"功能区，让用户更加方便地使用"一键调色"功能。

图5-66 "一键调色"

"一键调色"提供的是一种固定的图片处理操作模板。根据待处理图片的色调、风格、图片元素等，选择相近的图片处理模板，能为用户处理图片省去摸索的过程，节省大量的时间与精力，也降低了图片处理的难度。接下来分别为大家具体介绍"一键调色"的两种使用路径。

## 1. 调色——快捷处理

如果是初次使用"一键调色",建议使用第一种路径,即先进入"一键调色"功能区选择模板,再处理图片。具体步骤如下。

**步骤01** 打开Foodie App,点击"调色"按钮,如图5-67所示。

图5-67 "一键调色"入口

**步骤02** 选择合适的模板,在详情页点击"使用同款"按钮,如图5-68所示。

图5-68 选择模板

**步骤03** 选择待处理图片后即可跳转到编辑界面,系统会根据模板中的参数自动对图片进行处理,如图5-69所示。

第 5 章　运营好小红书，图片是关键

图5-69　选择待处理图片

**步骤04** 分别点击"调整"按钮和"滤镜"按钮设置各项参数，点击"保存"按钮，如图5-70所示。

图5-70　自主调整

## 2. 修图——重复使用

第二种路径是先选择图片，再选择模板。如果用户需要批量处理图片或已经积累了充分适用的模板，就可以直接使用这一路径，省去搜索模板所花费的时间。具体步骤如下。

**步骤01** 打开Foodie App，点击"修图"按钮，选择待处理图片，如图5-71所示。

147

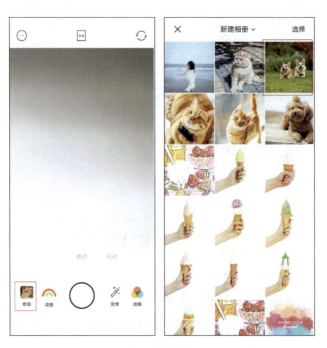

图5-71 修图

步骤02 点击"编辑"按钮对图片进行编辑处理。点击"食谱"按钮,选择模板,如图5-72所示。

图5-72 食谱

步骤03 点击"查看更多"按钮,点击"修改名字"按钮,输入8个字以内的名称,方便再次使用时能快速找到该模板,如图5-73所示。

第 **5** 章　运营好小红书，图片是关键

图5-73　修改名字

**步骤04** 进入"调整"界面，分别对图片的亮度、对比度、饱和度、灰尘和颜色进行适当调整，然后进入"滤镜"页面对滤镜效果的强弱进行调整，完成后点击"保存"按钮，如图5-74所示。

图5-74　调整

149

# 第6章
# 快速上手视频制作

为了提升用户对视频笔记的观看体验,除了在视频的取材和拍摄上需要用心,运营者还要掌握一些视频剪辑技术,善用视频处理软件,为视频增光添彩。本章主要介绍两款常用的视频处理软件,帮助大家快速上手,打造优质的视频笔记。

# 第 6 章 快速上手视频制作

## 6.1 剪映——全能易用的视频软件

剪映是一款全能易用的视频处理软件。无论PC端还是手机端都可以用剪映完成视频的剪辑与加工。该软件集视频拍摄与后期加工于一体，无论是长视频还是短视频都可以进行处理，而且操作简单，新用户也能够快速上手。剪映功能比较全面，界面简洁清晰，操作便捷高效。本节将以手机端为例，向大家介绍剪映的相关操作步骤。

### 6.1.1 为视频打造漫画效果

漫画效果是剪映提供的一种特殊的画面处理效果，它能使视频画面具有水彩效果，且能够展现出视频前后变化的过程，使画面更具趣味性。但值得注意的是，漫画效果只适用于将图片转化为视频的情况。具体操作步骤如下。

**步骤01** 打开剪映App，点击"开始创作"按钮，选择一张照片，然后点击"添加"按钮即可导入素材，如图6-1所示。

图6-1 导入素材

**步骤02** 拖动裁剪框后端可延长视频时长，移动时间线，点击素材，调出更多功能。点击"剪辑"中的"分割"按钮，将视频分割为等长的两段，如图6-2所示。

151

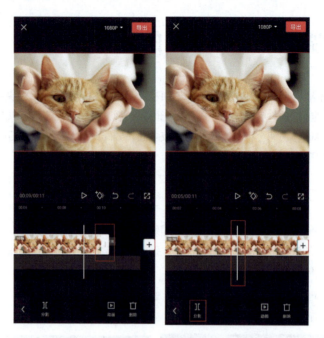

图6-2 分割视频

**步骤03** 在"剪辑"功能下,选中第2段视频,点击"玩法"中的"日漫"按钮,即可将第2段视频的画面转化为漫画效果,如图6-3所示。

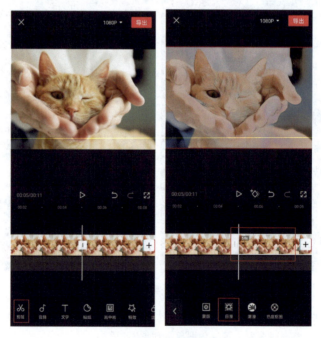

图6-3 添加漫画效果

**步骤04** 点击两段视频之间的"□"按钮,选择合适的转场效果后,点击"✓"按钮,回到视频编辑界面,点击"导出"按钮即可完成,如图6-4所示。

第 **6** 章　快速上手视频制作

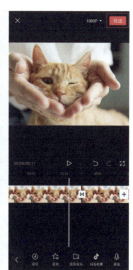

图6-4　添加转场效果并导出

## 6.1.2 完成电影遮幅效果

遮幅是指在画面的上下区域添加黑色边框，常用于电影画面中。运用剪映可以为视频快速添加遮幅效果，提升视频的质感，营造电影画面的氛围。此功能适用于探店、风景等类型的视频。具体操作如下。

**步骤01** 在"特效"功能中，选择"基础"分类中的"电影画幅"效果，点击" ✓ "按钮，如图6-5所示，回到视频编辑界面。

图6-5　添加"电影画幅"效果

**步骤02** 拖动效果裁剪框后端，使其与视频长度保持一致，点击"导出"按钮即可完成视频制作，如图6-6所示。

153

图6-6 调整裁剪框

## 6.1.3 用背景音乐点亮视频

剪映为用户提供了庞大的音乐库，根据曲风和适用场合进行了分类排行，满足用户多样化的需求。用户还可以自行剪裁音乐、添加音乐。背景音乐的添加步骤如下。

**步骤01** 点击"添加音频"按钮或"音频"按钮，再点击"音乐"按钮，如图6-7所示，进入音乐库。

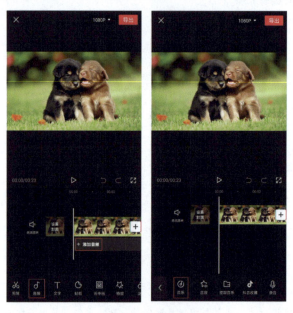

图6-7 添加音频

第 **6** 章 快速上手视频制作

**步骤02** 在"VLOG"分类中,选择任意一首音乐即可试听,点击"使用"按钮即可完成背景音乐的添加,如图6-8所示。

图6-8 试听并选择音乐

**步骤03** 拖动音频裁剪框后端,使其与视频长度保持一致,如图6-9所示。

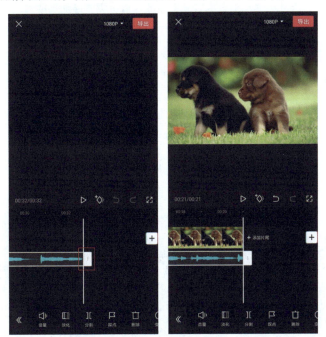

图6-9 调整音乐长度

**步骤04** 点击" "按钮,关闭视频原声,点击"导出"按钮即可完成,如图6-10所示。

155

图6-10 关闭原声并导出

## 6.1.4 添加字幕

剪映不仅支持自动识别生成字幕，还支持手动编辑字幕，操作便捷自由。运营者在小红书平台上传视频时，也可以使用小红书对视频进行识别生成字幕，但字幕的样式不多，而且很多视频在制作时并不录制人声，只拍摄画面，那么就无法使用自动识别功能，只能在视频剪辑过程中手动添加字幕。因此，为了能更为方便地添加字幕，需要借助剪映中的字幕工具。具体操作步骤如下。

步骤01 在"文字"功能中，点击"新建文本"按钮，输入文字内容，调整字体、颜色、透明度等属性，点击"✓"按钮，如图6-11所示，回到视频编辑界面。

图6-11 添加字幕

**步骤02** 拖动字幕裁剪框的前端或后端都可以调整字幕显示的时长，将字幕调整到合适的位置，使字幕在不遮挡画面的同时保证字幕内容清晰可见，如图6-12所示。

图6-12 调整字幕显示时长

**步骤03** 选中编辑完成的字幕，点击"复制"按钮复制字幕，然后双击复制的字幕，修改文字内容即可快速完成一条新字幕的编辑，反复进行本操作直至编辑完成所有字幕，如图6-13所示。

图6-13 复制字幕

**步骤04** 长按字幕可以将其调整到合适的位置，完成所有字幕的设置之后，点击"▶"按钮播放视频，观察成品效果，确认完毕后点击"导出"按钮即可完成操作，如图6-14所示。

图6-14 导出保存

## 6.1.5 让字幕"开口说话"

在制作视频时,有时需要对视频内容进行解说,却又没有录制音频的专业设备,因此需要借助剪映中的"文本朗读"功能让字幕"开口说话"。具体操作步骤如下。

**步骤01** 选中一条字幕,在"文本朗读"功能中选择"台湾女生"这一声线,为字幕添加朗读音频,随后点击"✓"按钮回到视频编辑界面,如图6-15所示。

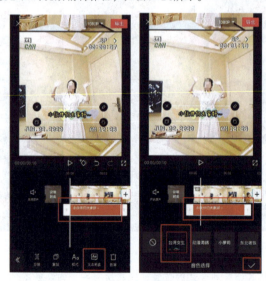

图6-15 添加音频

**步骤02** 调整文字显现的时间,直至与音频保持一致,如图6-16所示。

**步骤03** 选中下一条字幕，重复前两个步骤的操作，对字幕进行设置，如图6-17所示。

图6-16 调整文字显现时间　　图6-17 选择下一条字幕进行操作

**步骤04** 所有字幕设置完毕后，点击"导出"按钮即可完成操作，如图6-18所示。

图6-18 完成后导出

## 6.1.6 加入开场效果

精致的开场效果能够快速吸引用户的注意力，让用户愿意继续观看视频，提高视频的完播率。剪映为视频提供了多种不同的画面效果，而且还能够叠加使用，使画面效果更加丰富，运营者可以根据视频画面的特点自主选择。具体操作步骤如下。

**步骤01** 在"特效"功能中，选择"开幕"效果，点击"✓"按钮回到视频编辑界面，如图6-19所示。

图6-19　添加特效

步骤02　在"新增特效"功能下选择"变清晰"效果,进行效果叠加,点击"✓"按钮回到视频编辑界面,如图6-20所示。

图6-20　叠加特效

步骤03　点击"《"按钮,分别选中每个"效果",拖动裁剪框前端或后端,调整特效出现的位置和时长,使画面更加和谐,调整完毕后再次点击"《"按钮,然后点击"《"按钮回到视频编辑界面,如图6-21所示。

第 **6** 章　快速上手视频制作

图6-21　调整特效生效时长

**步骤 04** 进入"文字"功能界面,点击"新建文本"按钮进入文本编辑界面,如图6-22所示。

图6-22　新建文本

**步骤 05** 输入文字标题,对字体、颜色、透明度等属性进行设置,注意文字效果要与画面保持和谐,如图6-23所示。

161

图6-23 编辑文字标题

**步骤06** 在"动画"界面中,分别点击"入场动画"和"出场动画"按钮,为文字选择合适的动画效果,拖动两个滑块可以调整效果生效的时长,如图6-24所示。

图6-24 添加文字动画

**步骤07** 长按并拖动该文字至视频开头,拖动文字裁剪框后端调整显示时长,点击"导出"按钮即可完成操作,如图6-25所示。

第 6 章　快速上手视频制作

图6-25　调整文字位置并导出

## 6.1.7 轻松制作分屏视频

分屏视频是一种非常热门的视频类型。分屏视频看起来复杂，其实使用剪映可以非常快速地完成分屏视频的制作。具体步骤如下。

**步骤01**　在"比例"功能下，选择"9∶16"比例，点击"导出"按钮将画面比例变动后的视频导出，如图6-26所示。

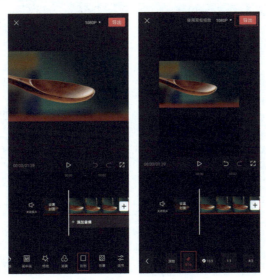

图6-26　调整视频画面比例并导出

**步骤02**　点击"开始创作"按钮，选择刚刚导出的视频，点击"添加"按钮，如图6-27所示，进入视频编辑界面。

163

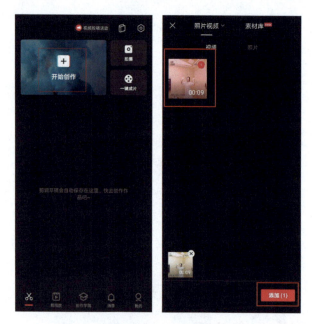

图6-27 导入新视频

**步骤03** 在/"特效"功能下,选择"分屏"界面中的"三屏"效果,点击"✓"按钮,如图6-28所示,回到视频编辑界面。

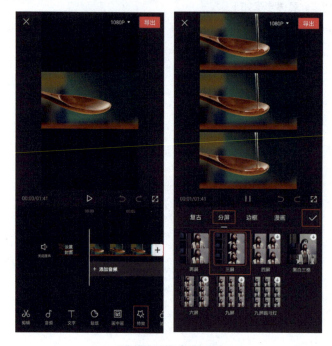

图6-28 添加分屏特效

**步骤04** 拖动特效裁剪框后端,使其与视频长度保持一致,点击"导出"按钮即可完成操作,如图6-29所示。

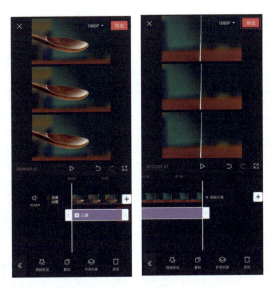

图6-29 将特效应用至整个视频并导出

## 6.1.8 简单搞定视频调色

无论是图片还是视频，适当的调色都非常有必要。剪映为用户提供了大量的优质滤镜，支持对画面进行全面的调节，达到优化色彩表现、调节明暗效果、营造特别氛围等目的，使视频更加赏心悦目。具体步骤如下。

步骤01 在"滤镜"功能下，为视频选择合适的滤镜，点击"✓"按钮回到视频编辑界面，如图6-30所示。

图6-30 添加滤镜

步骤02 拖动滤镜裁剪框后端，使其与视频长度保持一致，如图6-31所示。

图6-31 调整滤镜裁剪框

**步骤03** 点击"《"按钮将时间线拖至视频开头,点击"新增调节"按钮,在滤镜效果下进一步调节各项参数,优化画面色彩,完成后点击"✓"按钮返回视频编辑界面,如图6-32所示。

图6-32 调节

**步骤04** 拖动调节裁剪框后端,使其与视频长度保持一致,点击"导出"按钮即可完成操作,如图6-33所示。

第 **6** 章 快速上手视频制作

图6-33 调整调节裁剪框

## 6.2 InShot——免费高清的视频编辑器

InShot是一款简单实用的视频处理软件，其开放了大量免费功能，能够对视频进行多样化的处理，如视频剪辑、视频剪切、视频拆分等。该软件支持导出高清视频，能够使视频保持较高的分辨率，避免过度压缩视频导致观看体验下降。它的功能已经能够满足用户的大多数需求，帮助运营者完成视频制作与加工。

### 6.2.1 为视频添加背景

为视频添加背景可以装饰画面，丰富视觉效果。在InShot视频编辑器中可以直接添加纯色背景、模糊背景或导入自定义背景。具体操作步骤如下。

**步骤01** 在视频编辑界面，点击"背景"按钮，如图6-34所示，进入背景设置界面。

图6-34 添加背景

167

**步骤 02** 在背景设置界面,点击" "按钮,选择一张图片作为视频的背景,如图6-35所示。

图6-35 自选背景

**步骤 03** 选择合适的模糊效果,使画面更加和谐,点击" "按钮即可完成背景设置,如图6-36所示。

图6-36 选择模糊效果

## 6.2.2 编辑简单的"带货"视频

小红书作为一个好物推荐平台,运营者需要通过视频介绍产品,使用InShot可制作出不同风格的"带货"视频。本小节为大家介绍如何运用InShot制作常见的"带货"视频。具体操作步骤如下。

第 **6** 章 快速上手视频制作

**步骤01** 在"画布"功能中，选择"9∶16"比例调节画面比例，点击"✓"按钮返回视频编辑界面，如图6-37所示。

图6-37　调整视频画面比例

**步骤02** 在"背景"功能中，选择合适的纯色背景，点击"✓"按钮回到视频编辑界面，如图6-38所示。

图6-38　添加背景

**步骤03** 点击"文本"按钮，输入文字对产品进行介绍，如图6-39所示。

169

图6-39 添加文字

步骤04 编辑文字的颜色、字体、大小等属性,使其醒目而美观,如图6-40所示。

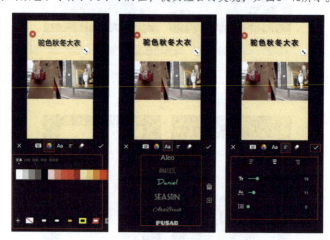

图6-40 编辑文字

步骤05 拖动文字裁剪框后端,使其与视频长度保持一致,如图6-41所示。

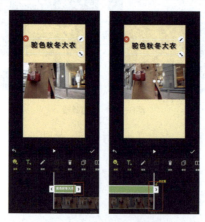

图6-41 调整文字裁剪框

**步骤06** 选中已添加好的文本，点击"复制"按钮，只要修改文字内容即可快速完成一条新文本的编辑，如图6-42所示。

图6-42 复制文本

**步骤07** 重复上一步骤的操作，为画面添加一些表情装饰和文字信息，完成后点击"保存"按钮即可完成"带货"视频的制作，如图6-43所示。

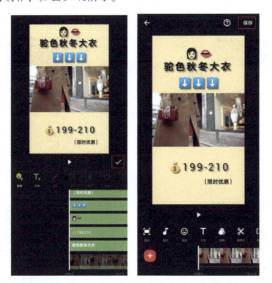

图6-43 添加装饰和文字信息并保存视频

## 6.2.3 在测评笔记中插入说明图片

在使用InShot制作测评笔记时，运营者可以将一些包含产品信息或购买链接的图片插入其中，为测评添加说明，帮助用户更好地了解产品信息。具体操作如下。

步骤01 在"贴纸"功能中,点击 按钮选择自定义贴纸,如图6-44所示。

图6-44 "贴纸"

步骤02 点击 按钮,选择已经制作好的说明图,将图片调整至合适的位置,点击 按钮回到视频编辑界面,如图6-45所示。

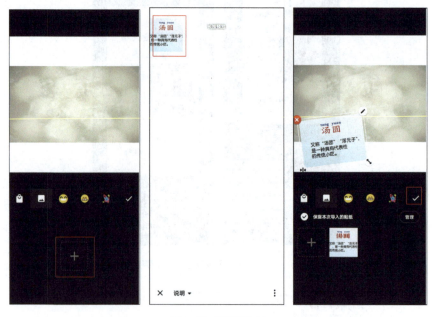

图6-45 自定义贴纸

步骤03 拖动图片裁剪框后端,使其与视频长度保持一致,点击 按钮即可完成说明图片的添加,如图6-46所示。

第 6 章　快速上手视频制作

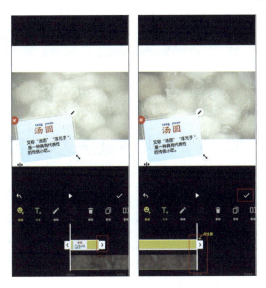

图6-46　调整图片裁剪框

## 6.2.4 制作流畅的视频转场

在切换视频画面的时候，运营者可以添加一些转场效果，使视频更加流畅、画面更加生动。InShot提供了大量的转场效果，供用户自由选择和插入。具体操作如下。

**步骤01** 拖动时间线至画面转换处，点击"中"按钮将视频拆分为2个片段，如图6-47所示。

图6-47　"拆分"

**步骤02** 点击空白处取消选中，点击2个片段连接处的"□"按钮进入转场效果设置界面，如图6-48所示。

173

图6-48 添加转场

**步骤03** 为视频设置合适的转场效果，点击"✓"按钮确认设置的效果，然后点击"保存"按钮即可完成操作，如图6-49所示。

图6-49 选择转场效果并保存

# 第7章

# 直播这么火，小红书也能做

直播的兴起，为电商行业带来不小的影响，各大平台纷纷开始利用直播变现，小红书便是其中之一。直播逐渐成为互联网流量变现的一大重要途径。2020年年初，小红书就已经开始直播功能的内测，半年后实现了直播功能的全面开放——只需绑定手机号、实名认证、年满18周岁，账号即可开通直播功能，与用户实时互动。本章将以直播为主题，梳理小红书直播的特征和流程，另外还将介绍小红书直播的技巧和注意事项。

## 7.1 直播的三大特征

直播能受到广大用户的青睐，必然有其突出的优势，想要掌握直播变现的奥秘，首先需要对直播的特征有一定的了解。本节将从3个方面对直播的特征进行细致的介绍和分析。

### 7.1.1 互动性

直播的互动性体现在主播和直播间粉丝的双向互动。一方面，主播可以通过实时评论和付费虚拟礼物等机制了解正在观看直播的用户的需求；另一方面，主播了解用户需求之后，可及时调整直播的内容，与用户实时互动，让用户产生参与感，这是直播的独特魅力。

### 7.1.2 实时性

直播的实时性是互动性的基础。在直播中，主播和用户可以实时互动，主播通过运用自身高度专业的应变能力和娴熟的话术，不断调动用户的积极性和热情，营造良好的氛围。直播强大的"带货"能力很大程度上得益于实时性的推动。

#### 1. 及时反馈

由于直播中的互动是实时进行的，主播可以通过评论、礼物、观看人数和下单量等及时获得反馈，从而在直播状况不佳时及时调整，在直播火爆的时候也能更好地抓住时机，锦上添花。传统的图文、视频形式的非即时推送很难达到这样高度灵活的机动性。

#### 2. 展现真实

直播不同于图文、视频，后者可以通过后期制作、剪辑进行设计、美化。比如展示产品的图片和视频，都可以通过后期处理将其中缺乏吸引力的部分进行调整。而直播可以更大限度地保证产品性能的完整呈现，从而更容易获得用户的信任。

例如，在直播中展示口红的试涂，用户可以连贯、完整地观看整个试涂过程，这一过程很难造假；但如果通过图片或者视频来展现，由于无法看到真实的拍摄过程，用户会对其呈现效果的真实性产生怀疑。

### 7.1.3 个性化

不同的主播有不同的直播风格，这体现了直播的个性化。而在实际的直播当中，这种个性化又可以折射出主播的个人魅力，从而成为一种可以量化的指标。随着直播的日渐火爆，主播和观看直播的用户都越来越多，当"直播经济"逐渐形成，直播这个形式本身的重要性越来越高。

很多时候用户观看直播并非为了了解产品，而是看主播如何"带货"，用户是否购买甚至不一定取决于产品性能的优劣或产品价格的高低，而是取决于主播的知名度高低、主播的推荐是否有吸引力、主播的影响力大小、主播的直播风格是否讨喜等因素。这时，主播的"带货"能力和人格魅力在用户的消费决策中拥有较大的影响力和话语权。

##  直播的基本流程

直播绝不只是在镜头前实时展示这么简单，为了保证直播能够顺利完成并达到预期效果，还有很多镜头前看不到的事情要做。直播的基本流程大致包括直播前的准备、直播内容准备和直播后总结笔记，这3项缺一不可，本节将为大家具体介绍。

### 7.2.1 直播前的准备

直播前的准备即在直播前应该完成的一些准备工作，大致可以分为以下3项。

#### 1. 直播策划

在正式直播之前，必须要对直播做一个详细的策划。所谓不打无准备之仗，直播的主题、流程和内容构成等都需要事先确定下来。

（1）直播主题

简单来说，策划直播的主题是为了确定直播的性质，明确直播需要达到的目的。确定性质，即这场直播具体要做些什么，针对的是哪些用户；明确目的，即这场直播要完成什么目标，达成多少观看人次或成交量等。

举个例子，如果以"带货"为主题，这场直播就属于商业营销类直播，直播就需要以提升销量为目的；如果以好物分享为主题，则属于生活娱乐类直播，直播的目的就是吸引观众、满足观众的观看需求。直播的主题决定了直播的方向，只有确定了直播的方向，才能保障后续一系列工作的开展。

（2）直播流程

直播的流程不只是正式直播中的流程安排，还包括整个直播工作计划的安排。有了明确的流程，才能按部就班地开展工作，这也便于预热工作的有效开展。

（3）直播的内容构成

直播的内容构成要在直播目的的基础上细化，它包括直播中要介绍哪些品牌和品类的产品、直播中有哪些嘉宾参与、直播中要设置什么优惠和活动等。直播的整个过程是实时呈现给观众的，任何失误都可能导致直播效果大打折扣。因此，在正式直播之前，要用心对直播的内容进行设计和安排，最好能够考虑到一些常见的意外情况，做好对应的补救方案。

## 2. 直播宣传

直播策划完毕之后，接下来就要进行直播宣传，这是正式直播前必不可少的预热环节。直播宣传又可以分为站内渠道的宣传和站外渠道的宣传。

站内渠道的宣传是指在小红书中发布直播预告的笔记，吸引平台用户来观看直播，如图7-1所示。

图7-1 站内渠道的宣传

站外渠道的宣传是指在除小红书以外的平台上发布直播预告，比如通过主播的微博、公众号等发布直播预告。另外，直播的合作方也可以利用官方账号进行宣传，为直播预热添一把火。小红书也会在其他平台上通过官方账号发布一些近期的直播预告，实现引流的目的，如图7-2所示。

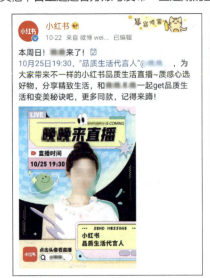 

图7-2 站外渠道的宣传

## 3. 直播设置

直播的设置包括直播间内直播背景布置、活动卡券的设定、商品上架商城等，这些都需要在正式直播之前准备好。如果在直播前不将商品的链接设置好，等直播开始后匆忙上架，会直接影响用户的下单效率或导致用户在评论区刷屏，严重的可能还会导致直播秩序混乱。

图7-3所示为某场"带货"直播，主播将直播中介绍的5款商品提前上架，对每款商品都设置了对应的优惠活动，因此，在直播过程中，用户可以直接点击商品卡片进入详情页快速下单。在一场直播中需要介绍多款商品，如果等到开播才上架商品，操作起来就会麻烦很多，还有可能对用户产生误导，比如第二款商品已经介绍完毕，第一款商品还没上架，那么进入直播间较晚的用户就有可能认错商品、下错单，导致后续一连串不好的状况发生。

图7-3　直播设置

图7-4所示为直播间中的"心愿"功能。主播可以利用这个功能设置想要的礼物。在直播时，"心愿"会直接显示在直播页面中，用户通过点击"心愿"就能更加便捷地将礼物赠送给主播。这一功能的设置也属于直播准备的一部分，应当在直播前完成。

图7-4　"心愿"功能

## 7.2.2 直播内容准备

直播内容主要是指在直播过程中主播需要完成的一些工作。一般来说，由于直播要求主播与用户实时互动，对临场应变的要求比较高，所以主播事前更要用心筹备、做好应对各种突发情况的准备。直播内容的准备主要包括直播中产品介绍的准备、挖掘与确定产品卖点、确定卖点的展示方式、邀请嘉宾与用户互动及突发情况的应对方法等。

### 1. 产品介绍的准备

产品介绍的准备是指在直播前确定好在直播中主播需要通过什么方式向用户展示产品。不同的产品往往适用不同的展示方式，如展示服装，可以选择直播试穿的方式；展示美妆产品，则可以选择直播化妆的方式。除此之外，还有直播拆箱、展示生产环境等方式。总之，在正式直播之前，主播应当做好规划。

图7-5所示为某珠宝品牌的一场直播。主播在直播中依次试戴每一款饰品，为用户展示了佩戴的效果；主播还特意在工作台上铺了深色桌垫，以便用户更加清晰地观察到饰品的细节。整个直播过程有条不紊，体现了主播的专业素养。

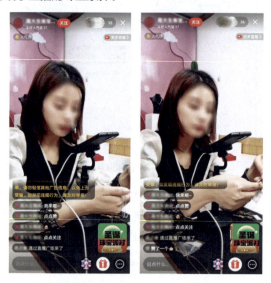

图7-5 直播中的产品介绍

### 2. 挖掘与确定产品卖点

为了刺激用户产生消费欲望，提高直播间的成交额，主播应当充分挖掘产品的卖点。而要在有限的直播时间中展示最具吸引力的内容，主播需要对这些卖点进行筛选，确定最重要、用户最关心的部分，并在正式直播中将其呈现给用户。

图7-6所示为某美甲店铺的直播。美甲的卖点在于手上的效果、成品色泽，这也是用户最想了解的内容。因此，在该直播中，主播试涂了多种颜色的指甲油，并在镜头前着重展示了美甲的色泽，还分别对跳色和同色调颜色进行了展示，方便用户对比效果，选出心仪的指甲油。

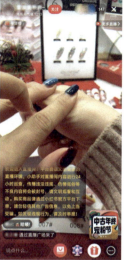

图7-6 美甲店直播

### 3. 确定卖点的展示方式

卖点展示是指主播在直播过程中运用不同的手法展示产品的卖点。不同的卖点适用不同的展示方式,如展示产品完整的效果应当多使用远景镜头,让用户观察到全貌;展示细节应当多用特写,让用户看清细节;展示产品的使用效果应当进行效果检验,让用户了解产品的功能。

图7-7所示为某场穿搭直播。为了展示衣服的板型、上身效果、材质等特点,该主播轮流试穿每件衣服,既通过远景向用户展示全身效果,又伴随对材质的讲解向用户展示衣服的细节,让用户了解衣服的每一个细节。

图7-7 穿搭直播

## 4. 邀请嘉宾与用户互动

知名度高的嘉宾能够为直播间带来更高的热度，邀请专业人士到直播间能提高直播的水准，因此邀请一些嘉宾参与直播能在一定程度上为直播增加亮点。既然在直播中邀请了嘉宾，就应该注重与嘉宾的互动和交流，在与嘉宾的互动中活跃直播气氛，让嘉宾的人气优势得到充分发挥。

与用户的有效互动自不必说，这对直播间火热氛围的营造有着重要意义。主播应当用心准备互动的内容，充分调动用户参与的积极性。在直播过程中，一些主播会用聊天、问答等方式与用户交流，也有一些主播会在直播间利用抽奖、互动游戏等方式拉近与用户间的距离。

图7-8所示为某实体店的一场日常直播。直播嘉宾是合作方的工作人员，在该直播中主播先进行了一段单独直播，嘉宾到达直播现场后，主播自然地引导嘉宾进行自我介绍，再与嘉宾一起进行接下来的直播，以聊天的形式回答粉丝的问题，双方配合得非常默契，直播也进行得十分流畅。

图7-8 直播嘉宾

## 5. 突发情况的应对方法

在直播中有时会发生一些突发情况，比如网络信号临时中断、商品链接上错、嘉宾迟到等，这些状况会打乱直播的节奏，影响直播间粉丝的观看体验。因此，在工作人员快速调整的同时，主播需要充分地活跃气氛、安抚直播间粉丝的情绪，这非常考验主播的临场应变能力。而为了尽可能减轻突发情况的影响，主播应当事先准备一些常见突发情况的应对措施，如调整期间播放音乐、进行随机互动问答等，提前设计一些安抚粉丝的暖场话术也十分必要。

图7-9所示为某场直播中的人气PK环节，"人气PK"就是主播间随机匹配连线互动，由粉丝为双方点赞比拼人气。匹配过程的等待时长和匹配到的对象都是完全随机的，但该主播在整个匹配过程中都很从容，对匹配对象的每个提问都对答如流，展现了高度的专业素养。

图7-9 直播中临时的人气PK

## 7.2.3 直播后总结笔记

直播完毕后，主播可以对直播情况做整理和总结，整合成一篇笔记，在笔记中发布一些基本数据，并在结尾表达对下次直播的展望。趁热打铁，在用户热情未退却的时候将总结笔记发布出来效果最好。

直播结束后的第一天可以发一些篇幅较长、具有一定干货的内容，包括对直播内容的整理与总结、直播结束后的一些反思等。这时候由于直播已经过去十几小时了，用户的热情稍稍冷却，总结笔记可以适时唤回一部分用户的热情与关注，梳理直播内容能够加深用户对直播的印象，让用户体会到观看这场直播是有收获的，从而有效提升用户对账号的依赖度和信任度。

直播笔记是一个良好的收尾，无论是对于延续直播热度，还是吸引更多的用户，为下次直播积累能量，都有着很重要的意义。下面将简单介绍直播笔记发挥的3个作用。

### 1. 复盘

创作总结笔记的过程本身就是对直播的一次复盘。在总结的过程中运营者能够反思不足，积累经验，不断锤炼直播的能力与技巧。

有效的复盘，能够让观看直播的用户加深对直播内容的印象，也使其更加期待下一次的直播；而没有观看直播的用户也能通过总结笔记知道这次直播的内容、观看直播的实际收获，这些用户有很大可能会观看下一次直播。

### 2. 延续直播热度

考虑到用户的疲劳度与直播效果通常成反比，直播时间越长，用户越疲劳，直播效果越差，所以直播时间一般不会持续太长，因此在直播中可以呈现的内容其实是有限的。这时，直播后总结笔记就显得十分重要,它能够将直播的辐射力持续发散,将直播带来的热度引流至账号自身、合作方乃至下一次直播。一场直播的时间也许只有1~2小时,但一篇优质的直播后总结笔记能够最大限度地发挥出直播的效力。

图7-10所示为一场自媒体的内容分享直播之后的总结笔记。可以看到,该运营者将这份总结笔记做得十分有条理,她不仅将直播中分享的干货整理成了文字,还在其中自然地插入了一些账号自身的情况介绍,并耐心解答了一些用户的疑问,有效激发了用户的互动热情,将直播与日常交流相结合,使直播的热度常态化。这样的总结笔记呈现在用户面前无疑是非常有吸引力的,既有满满的干货,又展现了主播真诚的态度与高度专业的素养,即便是没有观看本场直播的用户,也会对下一次直播充满期待。

图7-10 总结笔记示例

### 3. 成为一份漂亮的成绩单

直播后总结笔记其实也是给关注你的用户、合作方的一份反馈。在总结笔记中,运营者可以多角度地展示一些出色的数据,如直播间最高观看人数、直播间成交量、直播间观看用户的垂直性等,这些都能成为运营者吸引合作方的独特优势。

如果把直播后总结笔记当作一份项目总结来完成,那么它一定能成为传达给市场、资本最为全面的成绩单。一方面,合作方出于利益转化的考量,会倾向于向直播数据更好的主播寻求合作;另一方面,其他用户看到你的总结笔记,可能会对你产生信任,在下次开播的时候,这些用户也就更愿意观看你的直播,为直播贡献热度甚至给你带来直接收益,这利用了用户的从众心理。

## 7.3 小红书直播预告

要想尽可能提高直播的热度,预告必不可少。直播预告要做的是告知用户关于直播的基本情况,吸引用户前来观看直播。由此,我们可以确定直播预告的两个关键点:信息完整、信息具有吸引力。本节将为大家介绍直播预告中必须体现的4项重要信息。

## 7.3.1 预告时间

直播时间是最基本的信息。预告直播的时间能让用户知道直播什么时候开始,提醒用户及时观看直播。

值得一提的是,在预告直播时间时,运营者可以同时对直播的预计时长进行预告,这样可以让有观看意愿的用户合理安排时间,避免因为一些原本可以协调的事务而错过直播。

## 7.3.2 预告福利

预告福利能够增强直播对用户的吸引力,预告一些优惠活动能大幅度增强用户观看直播的意愿。图7-11就是典型的预告福利。

图7-11　直播福利预告

## 7.3.3 产品预告

产品预告是指在预告中告诉用户将在直播中介绍的产品种类,这样可以精准吸引有需求的用户前来观看直播,尤其是在和一些知名品牌或商家合作时,提前公布产品能够最大限度地发挥品牌和"网红"产品的影响力,达到更好的预热效果。

## 7.3.4 预告直播内容

预告直播内容包括预告直播中具有吸引力的亮点,如知识分享类直播可以提前告知用户直播的主题、是否有提问环节等。

# 7.4 小红书直播的特点

相较于其他平台,小红书上线直播功能较晚且走得十分谨慎,其先针对特定KOL进行了功能内测,然后才全线开放直播功能。截至书稿完成时,在小红书首页中,直播位于从左至右顺数第三的推荐分区。对于小红书,直播是一个新增的、重要的辅助功能,所以直播成为区别于图文笔记、视频笔记以外的第3种交流形式。本节将重点介绍小红书直播区别于其他平台直播的特点,并详细讲解增加小红书直播观看人数的方法和直播间的注意事项。

## 7.4.1 小红书直播和其他直播平台的区别

与其他直播平台不同,小红书既不是电商平台,也不是纯粹的内容分享平台,它以储量庞大的笔记影响着用户的消费倾向、消费观念、消费方式、消费决策,小红书商城为它的消费影响力提供了恰到好处的出口。

小红书的直播是分享与变现的有机结合。小红书的直播包括但不限于知识科普、生活记录、"带货"等内容。在直播过程中,用户可以直接从小红书直播间的商品链接跳转到小红书商城,这为小红书变现提供了新的形式。

当前,很多平台上线了直播功能,有斗鱼、虎牙直播这样专业的直播平台,也有淘宝、微博这种以直播为辅助功能的平台,由于平台侧重不同,直播往往也显示出不同的特点和作用。小红书直播区别于其他直播平台的表现在于以下3点。

### 1. 重分享

小红书直播更像是实时互动的视频笔记,非常重视信息的分享,而不是单纯的观点输出或产品营销。即使是"带货",直播内容也侧重于产品的试用、测评,这正是由小红书平台的特点所决定的。用户使用小红书时喜欢看某些内容,运营者为了迎合用户的喜好也习惯于创作这样的内容。因此,运营者开通直播后还是偏向于向用户分享有效信息。

图7-12所示为某名人开展的一场情感主题的直播。这场直播持续了一个多小时,直播期间,该名人为直播间粉丝解答了许多情感方面的困惑,也分享了很多观点,比如如何摆脱外界给予自身的标签、对恋爱综艺的看法等。这场直播更像是一场交流分享会。

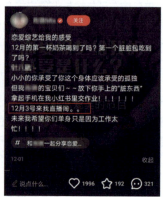

图7-12 直播分享示例

## 2. 消费氛围较淡

小红书的直播不局限于"带货",也不强制用户购买。小红书本身不是一个纯粹的电商平台,用户打开小红书观看直播,除了想购买商品,还想看到自己感兴趣的内容。因此,小红书的直播呈现给用户的并非只有消费话题。多元化的内容为小红书营造了特有的、更加理性矜持的直播氛围。

图7-13和图7-14所示分别为淘宝直播与小红书直播的直播界面,二者呈现出了不同的直播氛围。打开小红书的直播界面,用户看到的是多种多样的分享内容,直播间的标题亲切得就像是在同用户说话,常用词是"分享""来看看",即便是"带货"直播间也不会在封面上标注夸张的优惠活动,更没有对消费行为的强烈鼓动。而淘宝的直播间则鲜明地突出了介绍的产品及优惠活动,甚至在一些推荐界面用户可以直接看到产品的基本信息和价格,直播的目的非常明确,就是鼓励消费。

图7-13　淘宝直播

图7-14　小红书直播

图7-15所示为淘宝的直播界面。可以看到,淘宝平台上的直播间是根据产品属性等情况划分不同的专题,用户根据自己的消费需求和兴趣喜好选择即可。

图7-15　淘宝直播的分类标准

斗鱼的直播类型具有多样化和综合性的特点。斗鱼的直播间根据直播内容的不同被划分为网游竞技、单机热游、手游休闲、娱乐天地、颜值、科技文化、语音互动、语音直播、正能量、京斗云等10个专题，由于游戏直播在该平台上占据很大的比重，斗鱼专门提供了3个细化的专题，细化的逻辑也是根据直播的游戏种类，以直播内容作为严格的分类指标。

### 3. 两种推荐途径

小红书采取了与淘宝、斗鱼不一样的做法，它并没有对直播间进行严格的分类。主播通常会提前发布笔记进行直播预告，提醒用户届时前来观看直播。

小红书推送直播间的途径有两种。

一种是定向推送，也就是向粉丝或者对账号感兴趣的人推送。比如当用户进入某账号主页，如果该账号正在直播，头像下方就会显示"直播"字样，用户只需点击头像就能够快速进入该账号的直播间观看直播。当用户关注的账号开启直播时，系统也会发送通知提醒用户观看，如图7-16所示。

图7-16　直播入口

另一种是随机推送，即在首页的直播分区，系统会随机向用户推荐当前正在直播的直播间，这个界面没有明确的分类逻辑，用户经常可以看到主题、热度都相差很大的直播间同时出现在首页，如图7-17所示。

图7-17　小红书直播间推送

## 7.4.2 如何增加小红书直播间的观看人数

由于小红书对直播间的宣传力度不大，主播想要提升人气就要从自身出发，确保自己的工作切实做到位，以增强直播的吸引力。想要增加小红书直播间的观看人数，运营者可以从以下几点入手。

### 1. 用心选择封面图

封面图影响到用户对直播间的第一印象，精致美观的封面图能够让用户产生观看的欲望。因此，运营者应当认真对待，用心选图，避免出现封面图模糊、不完整等情况。

图7-18所示为某时段热度较高的小红书直播间。直播间封面图都是精心美化过的图片，画面清晰度高，图片主体明确，让人赏心悦目，用户自然更愿意点进直播间。

图7-18 美观的封面图

封面图还能发挥一定的信息传达作用，让感兴趣的用户快速定位，加入观看直播的队伍。图7-19所示为小红书官方账号进行的直播，封面图上不仅有"小红薯"的形象，还标注了醒目的"官方干货直播"，内容一目了然。

图7-19 官方直播

## 2. 精心设计活动福利

活动福利是快速吸引用户的一大利器。运营者可以设计一些具有吸引力的活动,当用户认为观看直播能够有所收获时,自然就会来到直播间。图7-20所示为常见的直播活动与福利,运营者在直播间给出力度大的优惠,或直接发放福利,都能有效吸引用户。

图7-20 常见的直播活动与福利

非"带货"直播同样可以通过活动和福利吸引用户。运营者可以准备一些小礼品,随机发放给直播间的粉丝。进行抽奖活动的直播间会在推荐页显示"抽奖中"字样,用户看到这个字样,很有可能会点进直播间积极参与活动。

## 3. 提高垂直性

提高垂直性,就意味着主播要明确直播间的主题与定位。尽管运营者不能完全洞悉直播间的推送机制,但可以确定的是,平台的服务对象是用户,那么推送机制必然要考虑用户的需求和喜好。因此,平台也会倾向于将特定主题下的热门直播间推送给可能对其感兴趣的用户。也就是说,如果能够提高直播间的垂直性,就能利用平台的推送机制为直播间筛选出真正的目标用户,也能增加直播间被推送给这些用户的概率。

## 4. 提高热度

每个时段热度排行前3名的直播间能够在下一时段获得优先推送,并且在推荐页中,对应直播间的左上角会显示一个小图标,如图7-21所示。小时榜人气图标能够彰显直播间的人气和专业度,吸引更多用户点进直播间。

图7-21 小时榜人气图标

当用户进入任意一个直播间后,可以查看带货榜单和人气榜单,如图7-22所示。热度高的直播间将会显示在这两个榜单上,从而大大增加曝光率。

图7-22 直播间榜单

### 5. 提高用户黏性

通过笔记积累粉丝对于一些优质博主而言可能不算难事，但让这些粉丝定时且长时间地观看直播，甚至购买直播中介绍的商品，这就有很大的难度。一些拥有10万粉丝的博主，直播时却只有几千甚至几百的人气，成交率又要再打折扣，这其中就有用户黏性不够高的原因。

要想有效地提高用户黏性，有两方面工作可以做。一方面，在平时与用户互动，使用户养成经常关注推送内容的习惯，提升用户的信任度；另一方面，加大直播前的预热力度，提前几天发布预告。

### 6. 精选直播时间

直播的黄金时段也不能一概而论。在哪个时段直播，直播时长如何把握，这些都要从目标用户的作息习惯出发，需要提前进行调查和规划。

例如，时尚美妆类直播的目标用户多为具有一定消费力的职业女性，那么直播的黄金时段以晚上或周末为佳。如果是养生知识科普类直播，目标用户主要为老年人，则直播时间不宜太晚，最好是在白天，而且直播时长也应当控制在1~2小时，时间太长会让用户感到疲惫。

### 7. 利用特殊的小图标吸引眼球

在直播间推送界面，每个直播间的左上角会显示一个小图标，表示直播间当前状态。图标通常会显示为"直播中"，但当直播间内正在进行抽奖或"带货"时，则会显示为"抽奖中"或"带货中"，如图7-23所示。这时用户就能一眼看到这些具有特殊标识的直播间，并有可能被吸引进入直播间观看直播。

图7-23 体现直播间状态的小标识

除了上面提到的两种特别状态的小图标，还有一些具有标签性质的小图标，如图7-24所示。这些图标也能增加直播间的吸引力。

图7-24 具有标签性质的小图标

## 7.4.3 直播间的注意事项

一场直播会受到很多方面的影响，有时无法将每一方面都做到最好，但有一些事项是运营者必须要注意的。

### 1. 符合平台规范

运营者在开通直播功能时，小红书提供了直播协议，其中规定了运营者的义务与权利，也对直播中的行为进行了一定的约束，运营者如果违反规定，平台会进行惩处。

运营者必须保证直播的正常进行，网络稳定、画面和音频保持清晰，直播中不得出现广告、营销推送等平台不允许的行为，直播内容应当在法律允许的范畴内，不得侵犯他人权利，同时也应保障自身的人身与财产安全，如图7-25所示。

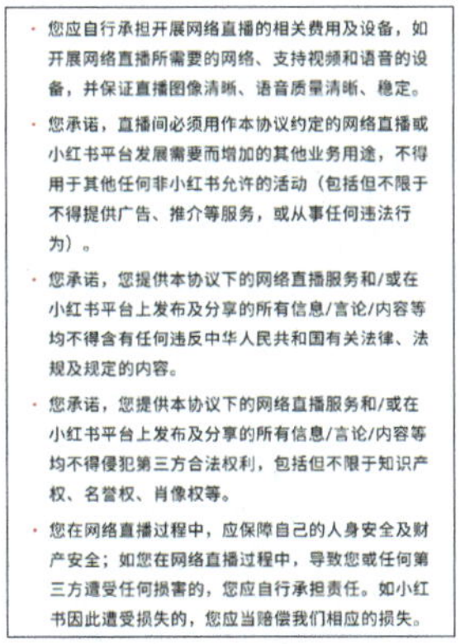

· 您应自行承担开展网络直播的相关费用及设备，如开展网络直播所需要的网络、支持视频和语音的设备，并保证直播图像清晰、语音质量清晰、稳定。

· 您承诺，直播间必须用作本协议约定的网络直播或小红书平台发展需要而增加的其他业务用途，不得用于其他任何非小红书允许的活动（包括但不限于不得提供广告、推介等服务，或从事任何违法行为）。

· 您承诺，您提供本协议下的网络直播服务和/或在小红书平台上发布及分享的所有信息/言论/内容等均不得含有任何违反中华人民共和国有关法律、法规及规定的内容。

· 您承诺，您提供本协议下的网络直播服务和/或在小红书平台上发布及分享的所有信息/言论/内容等均不得侵犯第三方合法权利，包括但不限于知识产权、名誉权、肖像权等。

· 您在网络直播过程中，应保障自己的人身安全及财产安全；如您在网络直播过程中，导致您或任何第三方遭受任何损害的，您应自行承担责任。如小红书因此遭受损失的，您应当赔偿我们相应的损失。

图7-25　平台规范（一）

运营者在直播中发布的活动或其他内容，应当保证能够按要求兑现，避免纠纷。未经平台同意，运营者不得提及其他第三方竞品平台及相关信息，要自觉维护小红书平台的形象，如图7-26所示。

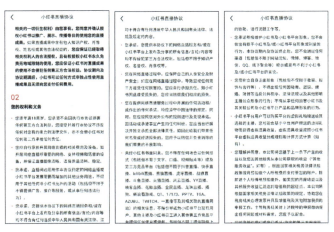

图7-26　平台规范（二）

## 2. 主播形象得体

露脸直播中主播的形象非常重要，最基本的要求是服装得体，整体形象干净整洁，避免穿过于暴露或者休闲的服饰，如睡衣、浴袍等。主播可以适当化淡妆。干净、养眼的形象能够为直播增色。

## 3. 良好的光线条件

良好的光线条件能够保证直播画面明亮清晰，尤其是在“带货”直播等需要展示商品的直播中，良好的光线能够保证被展示的商品清楚地呈现给用户。

图7-27所示为一场绘画直播，直播的主体是画纸上的内容，因此光源集中在画纸上。尽管画面有一部分暗角，但画纸上的内容十分清晰，用户能够清楚地看到画笔勾勒的线条，这就是合格

的直播。

图7-27 良好的光线条件

### 4. 舒适的场景布置

直播的场景布置就是呈现在镜头中的背景，它对用户的观看体验有着很大的影响。场景布置应以简洁干净为优，为了保证音频的纯净悦耳，最好还要保证环境安静、无杂音。

图7-28所示为两个直播间的背景。第一个直播在专用的直播室中完成，而第二个直播间选择了干净且具有设计感的背景墙作为背景。可以看到，第一个直播间的背景里有很多服装产品，相较于第二个直播间的背景，更显杂乱，且会分散观众的注意力；而第二个直播间的背景能够让用户将注意力集中在主播身上，突出了直播画面的重点。

图7-28 直播背景

## 5. 流畅专业的话术

除了一些特殊的静音直播，如直播自习、直播刷题等，在直播过程中，主播往往需要通过言语与用户交流。流畅专业的话术能够保证直播顺利进行，营造良好的直播氛围，吸引观众成为忠实的粉丝。相反，主播如果表达不清晰，则会导致直播效果不佳。

主播最好能够掌握一些常用的衔接语和套话，以便能对各种直播情景及时做出反应，比如收到直播间粉丝送出的礼物应当如何回应，当直播间有新人进入时应当如何欢迎并引导新人关注直播间等。成熟的话术和快速的反应能使直播进行得更加流畅，也更能凸显主播的专业度。

成熟的话术还体现在有来有回。主播在直播过程中应当注意与用户积极互动：一方面，主播应当积极回复评论区的提问，解答用户的疑问，并对一些有趣的评论予以回应；另一方面，主播也可以主动向用户提问，或要求用户与自己互动。学习分享类的主播可以让用户在评论区回复习题答案，"带货"主播在介绍产品时也可以经常向用户提问。需要注意的是，用数字指代答案能够降低打字难度，提升用户参与互动的积极性，如图7-29所示。在话术中加入互动设计能够充分体现直播的实时性，给用户带来强烈的参与感，有效活跃直播间的气氛。

图7-29 直播互动

# 第 **8** 章

# 小红书的推广策略

推广在账号运营中是一个重要的环节,如果没有选择恰当的推广方式,即使笔记内容的质量再高,也很难让用户看到,更不用说变现了。推广的方法数不胜数,如打造品牌形象、搭建私域流量、挖掘潜在客户等。如何选择推广方法、规划推广方案、实现推广,这些问题将在本章一一获得解答。

## 8.1 了解推广的前提

推广的前提是对自身优势有明确的认识,即运营者在推广中要清楚自己可以利用什么资源,应在哪些方面发力。厘清了这些情况,才能有的放矢,提高推广的效率。

### 8.1.1 利用小红书推广的优势

当前各种形式的社群平台多如牛毛,平台之间的竞争也十分激烈,小红书之所以能够在这场流量之争中占据一席之地,正是因为它本身的特殊定位和强大的"种草"能力。小红书究竟是如何为用户"种草"的?答案主要可以总结为以下几点。

#### 1. 普通用户和KOL"种草"并行

如果说KOL是时尚热点的风向标,普通用户发布的笔记则是贴近用户生活的内容,将这两个维度的内容结合起来,才能真正满足用户的消费需求。在小红书中,既有以"网红"、名人为主的KOL发布的内容,还有很多普通用户分享自己的生活经历及想法,这使小红书中的内容具有很强的真实性,这也正是用户在做线上消费决策时非常看重的一点。其真实性主要体现在两个方面:一方面是信息的真实可信,另一方面则是贴近用户的真实生活。

(1)普通用户"种草"

普通用户"种草"的优势在于它能够激发其他用户产生强烈的认同感,图8-1所示为在小红书中常见的普通用户生活分享笔记,用户在阅读这类笔记时不会认为是在阅读商家的广告。该篇笔记中的图片内容给人的感觉更像是微信朋友圈中的内容,因此用户在看到"种草"内容时就会非常自然地产生"我也来试试"的想法。

图8-1 普通用户笔记

（2）KOL"种草"

KOL主要以"网络红人"和名人为主，前者中只有少数能够从一开始就获得专业团队或公司的包装和运营指导，大部分是从普通用户起步，通过积累粉丝和流量逐渐做大做强，成为有影响力的KOL。"网络红人"KOL往往对热点有着极高的敏锐度，明白什么是用户最感兴趣的，因此发布的内容也更具有针对性。与此同时，这些高知名度的KOL在运营中又积累了一些高黏性用户，当他们发布内容时，用户就容易产生"既然这么多人都相信，那他说的应该有一定道理"的想法，这就是"网络红人"巧妙运用了从众心理。

名人KOL比较特殊，无论人气还是话题度都非同一般，尤其他们还拥有一批黏性极高的用户和专业的团队。网络互动打破了传统的娱乐模式，用户不再隔着荧幕观看名人在镜头前的精致形象，而是可以从多种渠道认识名人，甚至在直播中同名人实时互动。名人越来越接地气，平时穿什么衣服、戴什么饰品、用什么护肤品，用户只需要搜索关键词就可以快速了解，甚至可以轻松购买到同款。这些名人同款产品一开始可能仅仅是在粉丝中流行，但随着影响力越来越大，效仿的人也越来越多。小红书中关于名人同款的笔记可谓数不胜数，如图8-2所示。

图8-2　名人同款笔记

名人KOL就是在这种趋势下应运而生。既然用户感兴趣，那么就直接将自己的常用物品分享给用户。很多名人现在都纷纷投身各种平台直播"带货"。小红书的常驻名人用户也有不少，他们无论是发布健身塑形和护肤心得，还是分享美妆相关的视频，都获得了很多用户的喜爱，如图8-3所示。

第 8 章 小红书的推广策略

图8-3 名人分享

由于名人自身的热度与团队的营销,再加上对用户需求的迎合,名人KOL的影响力自然非常大。在粉丝经济盛行之下,一些名人还开起了自己的店铺,小红书上也有很多相关笔记,一些博主对这些名人店铺进行了整理、介绍和分享,如图8-4所示。

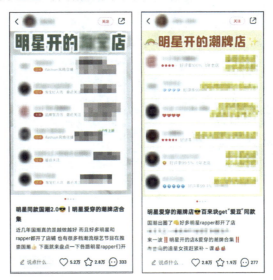

图8-4 名人潮牌

无论是KOL还是普通用户,共同遵循的一个原则其实还是对用户需求的把握。随着网络越来越发达,用户的自我表达和自我实现的欲望都空前旺盛。衡量一个话题能否成为热点,往往需要从用户是否关心来入手。小红书恰恰抓住了用户需求这个关键点,凭借个性化的算法和推荐机制,将KOL和普通用户打乱重排,一切以"让用户看到最想看的内容"为先,将这种特殊的"种草"形式的作用发挥到最大。

199

## 2. 热点内容形成群体效应

小红书平台内部经常会出现热点的群体效应，这是账号之间互相产生影响的结果。一篇笔记火了之后，往往会引发多方仿效、产生相关延展内容的笔记，不同账号共同填充某一个相关内容的笔记，最终就有可能形成一个相对完整的话题。

群体效应能够在平台内形成特定氛围，孕育热点。大多数用户在浏览信息和做消费决策时都会或多或少地受到从众心理的驱使，当某一产品的笔记增多时，用户就很容易产生一种"很多人都在使用该产品"的印象。只要用户点进笔记阅读，系统便会增加相关内容的推送，这又强化了群体效应的作用。群体效应的影响如此显著，与小红书对个性化推荐的高度重视分不开，这也是小红书平台所特有的优势。

举例来说，入冬时，运营者为了抢占先机，会挖掘各种冬季相关的话题进行创作，此时平台中会涌现大量有关御寒衣物的笔记，如图8-5所示。当用户浏览到一篇关于围巾系法的笔记时，他可能只会感到新鲜，亲身尝试的欲望并不会非常强烈，但是如果在短期内看到很多篇教用户如何将围巾系得更时尚美观的笔记时，用户可能就会产生"现在是系围巾的时候了，大家都开始系围巾了，也许我也应该试一试"的想法，甚至有可能由此产生购买围巾的冲动。

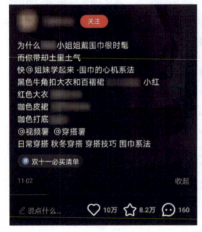

图8-5　围巾系法笔记

群体效应能够形成良性循环，一个热点从产生到消泯的时间可能很短，但以群体效应触发连锁反应，最终形成良性循环，就可以尽可能地延长热点的持续时间。

图8-6所示为同源店铺整理的笔记，近年来小红书上出现了许多类似的笔记，并且热度很高。同源店铺指的是与知名品牌或者"网红"店铺合作的源头厂家。质量相同的商品，在价格上却便宜许多，这就是同源店铺如此吸引用户的原因。这类笔记主要是将这些同源店铺的信息进行整理分类。图中账号将同源店铺做成了一个系列笔记，分别为服装类、美妆类、日常百货类、鞋类、箱包类、美食类、饰品类等7类同源店铺，整理完成后又将其整合到一篇总结笔记中，获得了非常高的热度。

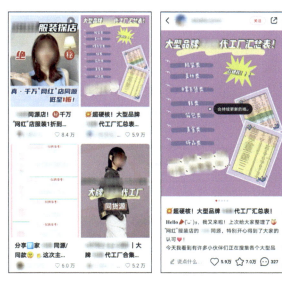

图8-6　同源店铺整理

这类笔记之所以如此火爆,是因为它满足了平价化、讲究实惠的用户需求。平价消费品具有突出的价格优势,而且比较符合传统的消费习惯,因此获得了消费者的喜爱。

用户喜欢,笔记热度就高,于是越来越多的运营者都加入创作队伍,使同源店铺成为热点话题,从而吸引了更多用户关注。这个良性循环形成的本质就在于它对用户喜好的准确把握。一个经典的话题往往是从用户需求的热点中萌发的,一个热点往往能够引出一串热点内容,进而引发流量的"狂欢"。小红书最初就是凭借海外购物攻略不断吸引流量,逐渐扩大版图,最终发展成为现在涵盖衣食住行等方面的综合性"种草神器"。

### 3. 重视用户体验

小红书的"种草"笔记非常重视用户体验,运营者在笔记中介绍某件产品时,都会突出它对用户产生的影响,并且小红书中热门的测评笔记多以"亲测有效"作为推荐语。通常来说,相比于官方的卖点宣传,用户更希望看到根据亲身体验获得的信息,从而降低自身的试错成本。这也是小红书能够受到用户喜爱的原因之一。

图8-7所示为一篇棉服测评的笔记。该博主购买并试穿了7件"白菜价"棉服,该笔记中对棉服的评价和推荐程度都是基于运营者自身的穿着感受进行描述的。在配图中,该博主展示了每件棉服的穿搭图片,且对一些难以通过图片展现的信息进行了详细的补充说明,如保暖程度、重量等。这种实物配图不仅出于美观和产品介绍的需要,还是博主亲身测评的证明。

该博主对每件棉服做出的评价并不都是正面的,既有推荐的产品,也有不推荐的产品,并且都有理有据。博主从质感、面料、色差、上身效果、保暖程度等角度评价,提供的建议都比较有实际意义,能够为用户的消费决策提供直接参考。穿搭建议体现了博主自身的态度和思考,在提供参考的同时也让用户感觉到亲切和真实,阅读这篇笔记就仿佛在和身边的朋友进行购物交流。

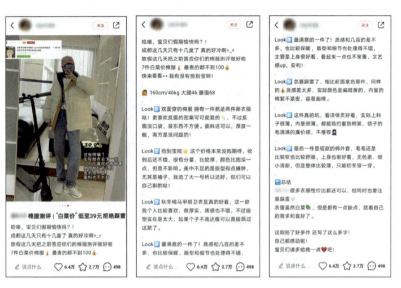

图8-7 棉服测评

图8-8所示为一篇气垫测评笔记。该运营者开篇就介绍了自己的肤质状况——敏感肌痘痘皮，紧接着强调了测评内容都是经过亲身体验而形成的。

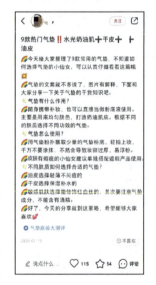

图8-8 气垫测评

很多运营新人可能会产生一个思想误区，认为吸引到更多的用户，就得最大限度地扩大笔记的适用人群。适用性当然是内容推广必须关注的一点，与其向一千个无关的人推送内容，不如抓住一百个精准用户的心。这个道理放到护肤品测评中就比较容易理解了。每个人有不同的肤质，因此适用的产品也不一样，如果做一期所有人都适用的化妆品测评，先不论这样的产品是否存在，就算真能完成并发布出来，能吸引到的用户也未必比现在多。为什么呢？因为适用性广意味着它无法解决特定人群的具体问题。

在这篇气垫测评笔记中,博主就结合自己的护肤经历进行阐述,让同类型肤质的用户深有同感。她选取了6款不同品牌的气垫进行测评,详细介绍了上妆的亲身感受、妆感、遮瑕度等方面的情况,对不同肤色和皮肤状态的用户的使用也提出了意见,参考价值很高。

## 4. 用户群体广

小红书从最早的海外购物攻略分享社区,发展为综合性的购物攻略平台,再到涵盖彩妆、旅行、健身、学习等多方面的内容平台,用户群体得到了不断地拓展和丰富,使用主体的多元化为小红书提供了更加广阔的发展空间。打开小红书,各行各业、各种生活状态的人们都在分享自己的生活或专业知识,他们共同为小红书平台的发展带来了无限的可能性,如图8-9所示。

图8-9 小红书用户的多元性

## 5. 个性化机制快速筛选用户

小红书的推送机制最鲜明的特点就是个性化推送。打开小红书,用户首先看到的就是系统根据浏览偏好智能推送的内容。而且小红书改版之后,关注界面的笔记推送加入了个性化机制,关注用户的动态不再按照发布时间显示,而是优先显示用户常看或者最感兴趣的内容,如图8-10所示。

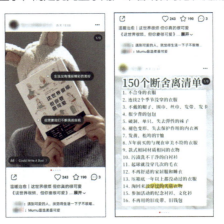

图8-10 关注内容

小红书的个性化推荐无处不在。当用户点赞了某条笔记，系统就会记住用户的这次操作，并根据这条笔记的关键词为用户量身打造推荐搜索词、推荐用户可能感兴趣的人，如图8-11所示。它通过层层筛选不断地靠近用户的真实想法，推送给用户最感兴趣的内容，相应地，也有助于运营者筛选有效用户。

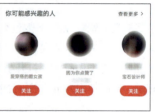

图8-11　个性化推荐

### 6. 直接变现

变现是大多数运营者都在追求的目标。小红书商城上线后，从小红书的内容推广到实施消费行为的路径被极大程度地缩短。运营者在笔记中可以插入对应的商品链接，用户阅读完测评内容后，如果对产品感兴趣，可以直接点击商品链接下单购买，如图8-12所示。

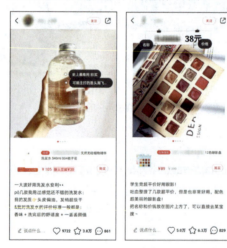

图8-12　加入商品链接

小红书非常注重拉近与用户的距离。于是越来越多的品牌纷纷入驻小红书，并且在小红书中投放各种上新活动，打造产品热搜词或品牌热搜词。

2020年10月，小红书宣告了新的内测项目，即在小红书笔记中可以直接插入淘宝的商品链接，点击链接可以直接跳转至淘宝。这一项目若能成功实现并全线开放，必将为小红书的推广变现带来更大的飞跃。

## 8.1.2 先做社群，再做电商

随着电商行业的快速发展，电商平台越来越多，行业竞争也越来越大。当网购逐渐成为人们习以为常的事,单纯的电商平台产生的吸引力越来越小,要想突出重围,就一定要创造新的突破点。小红书的特色在于它先打造出了成熟的社群,积累了大量优质的内容和多样化的用户群,再将产业链条延伸至电商,这为小红书商城的推出奠定了用户基础。

### 1. 优质内容的支持很重要

优质内容的输出能够影响用户的消费欲望,当优质内容对消费欲望产生正面影响时,就会带动消费行为,实现推广变现。

用户在消费之前,会先阅读一些相关笔记获取相关信息,再决定是否要消费。所谓"种草"其实包含了两重含义:一重是使用户新增消费欲望,即用户原本并不准备购买某产品,阅读笔记之后却产生了消费欲望;另一重是增强用户已有的消费欲望。无论是前者还是后者,都包含了辅助决策的过程。这个过程就是小红书平台正在做的事情,也是小红书同其他电商平台相抗的竞争力。

图8-13所示为一篇关于平价毛绒外套的测评预告。该运营者仅简单展示了商品图片和测评意愿,热度已经过万,这充分体现了用户的强烈需求。用户从运营者发布的商品图片中看到感兴趣的商品,产生了消费欲望,于是这种消费欲望便完整反馈到对正式测评的期待中。用户非常希望从测评中获取直接的信息,比如衣服质量好不好、性价比高不高、实物与商品图有没有色差、是否容易搭配等,再根据这些信息确定是否消费。

图8-13 测评预告

图8-14所示为正式的测评笔记,热度相较于测评预告有所下降,一部分原因在于运营者将预告中的产品拆分成了多篇笔记,关注度被分流,而另一部分原因是用户对其中一些产品的消费欲望不够强,影响了热度数据。对于一篇测评笔记来说,如果用户看到一半就失去了购买欲望,很可能只会点赞甚至直接退出。因此,如何平衡笔记的真实性和对用户消费欲望的推动,也是创作测评笔记的一个重要课题。在实际操作中,运营者通常会一次对多件产品进行测评,褒贬兼具。

图8-14 实际测评笔记

知识科普类笔记更多的是输出观念,而不是直接推动变现。图8-15所示为一则干货分享笔记。该运营者在分享关于健身的专业知识时会提到许多健身的益处,这也是在向用户传递"健身可以实现个人提升"的思想,于是用户很可能就会对与健身相关的付费产品产生消费意愿,比如购买健身课程、健身器材等。而且由于高度专业的内容已经敲开了用户的心门,获取了用户的信任甚至依赖,那么这种观念输出就更容易达到效果,让用户发自内心地接受运营者发布的内容。这就是优质内容所起到的作用。如果能用高质量的内容征服用户,那么接下来的推广、变现操作就会容易很多。

图8-15 干货分享笔记

## 2. 牢牢抓住用户的心

电商的运营依托于线上平台。尽管随着网络的发展和电商的普及,人们对线上购物的接受度越来越高,但是线上与线下的体验差距仍然影响着电商行业的发展。小红书能凭借其社群享有极高的用户信任度,原因就在于平台提供给用户的内容能够牢牢抓住用户的心。

第 **8** 章 小红书的推广策略

美观的配图和富于趣味性的话题能够有效地吸引用户的注意,以良好的第一印象提升用户的接受度。一篇极具吸引力的笔记往往不只是某一个方面出色,而是能够从整体上带给用户良好的阅读体验,再突出一些重要部分给用户留下深刻的印象,打造笔记层次感。即便是一篇干货满满的文章,如果图片乱七八糟、标题平平无奇,那么即使发布出来也未必能够获得用户的青睐。

我们常常能在小红书中看到各种精致漂亮的笔记配图,它们或是展现了运营者别具匠心的构图和高超的摄影技巧,或是体现了熟稔的图片加工处理技术,又或是凝聚着一笔一画勾勒的心血。总而言之,这些美观的配图共同构成了平台的一道亮丽风景,也让用户更加愿意在小红书中阅读笔记,接收各种信息,如图8-16所示。

图8-16 美观各异的笔记封面

图8-17所示为一个穿搭账号发布的笔记。该账号的运营者非常注意笔记格式的统一、配图模板和调色风格的统一。标题与正文遵循了固定的格式与结构,形成了良好的视觉效果,加上可爱的贴纸与字体,用户在看到这些笔记时不仅会更愿意点开阅读,而且在阅读时也能够保持比较愉悦的心情,对笔记内容的接受度也就更高。

图8-17 穿搭笔记

图8-18所示为一些具有趣味性的标题，如生动活泼的口头语、时事话题或直接引用名人名言。这些有趣的标题都体现着运营者对用户喜好的把握。

图8-18　有趣的笔记标题

小红书笔记的投其所好还体现在其高密度的信息量上。图8-19所示为一篇调色教程笔记，除了教用户如何添加滤镜和调色，还详细讲解了在图片上添加文字与贴纸、涂鸦加工、抓拍与构图的技巧，干货满满，用户读完后能够获得比较全面的提升。这种贴心的干货笔记能够增强用户对账号的依赖度，当用户阅读没有这些附加说明的同类笔记时，他们会在内心进行对比，然后选择阅读信息量更全的笔记，这种自然选择无疑对平台内容形成了一种反向作用，从而推动平台整体的高信息量化。

图8-19　高信息含量的笔记

小红书对用户的准确把握不光体现在笔记中，更体现在平台机制和功能设置上。小红书十分

208

第 **8** 章 小红书的推广策略

重视用户的个性化需求，如"搜索发现"页面的推荐搜索词、首页的推荐内容往往和用户搜索或浏览过的内容有所关联，如图8-20所示。

图8-20 相关度

当用户关注的账号点赞某条笔记时，这条被点赞的笔记也有可能会被系统智能推荐，并且注明"××赞了"，如图8-21所示。

图8-21 关注人的点赞

用户也可以通过长按笔记封面，在弹出框中选择"不感兴趣"等选项，自主优化算法，对个性化推荐的笔记和一些广告内容进行规避，从而获得更佳的阅读体验，如图8-22所示。

图8-22 自主优化个性化推荐

## 3. 全方位展现用户需求

小红书上各种笔记多如牛毛，不仅话题多样，其延伸内容也非常丰富。在普通的电商平台，用户能够看到的信息往往局限于商家的宣传信息和买家收货后的确认图，其他延伸信息则非常稀少。而小红书却不一样，无论是权威的专业意见，还是角度多样的普通用户测评，用户都能在平台中找到相关的信息，如图8-23所示。

全方面展现用户需求，并且跟进这些需求，这是小红书的"社群+电商"模式的突出优势。小红书拥有相当丰富的信息内容，为用户从消费到使用的各个环节提供详尽的参考和帮助。

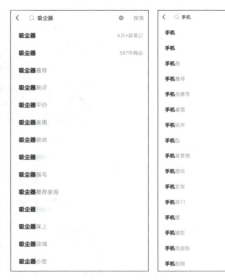

图8-23　丰富的延伸内容

图8-24所示笔记是关于某产品及其配件的选购攻略。这些笔记在产品选购环节从多个角度为用户提供了参考意见，内容非常详尽，讲解也很清楚，并且对不同型号产品的功能进行了充分对比，形式上既有干货满满的图文笔记，也有直观的视频笔记。用户阅读这些笔记后，能够快速获取该产品的基本信息，判断该产品是否值得购买，应该选择哪一型号，应该搭配什么配件，购买时需要避开哪些雷区等。

图8-24　为选购环节提供参考

图8-25所示笔记是对产品的收纳、清洗与拆卸进行介绍，收纳、清洗与拆卸都是用户在购买

产品之后可能产生的需求，这些笔记有效满足了用户在使用环节的需求，并且提供了有价值的参考和帮助。

图8-25 满足使用环节需求

## 8.1.3 基于UGC模式产生更舒服的社交体验

社交压力是当代人经常提及的一个话题，如何与陌生人交流、如何维系亲密关系等问题都是社交压力的来源，但小红书通过UGC模式为用户带来了更舒服的社交体验。UGC模式下的社交特点主要表现为以内容为基础，是非强制性的。

### 1. 社交为内容服务

小红书平台中绝大多数的社交行为都以平台的内容为基础。用户在笔记下留言、点赞、收藏或关注某账号等行为往往是出于对某篇笔记或某账号内容感兴趣，从而产生表达欲望，这种社交行为是出于交流的需要，与人与人之间纯粹的社交是有区别的。这种表达行为是适度的，因此让人感觉舒服。

图8-26所示为我们在小红书中经常能够看到的评论。留下这类评论就是典型的出于交流需要的社交，用户是以获取信息为目的进行评论，当他们阅读了一篇笔记，对内容还有疑问时，就会发布评论希望获得作者的解答。

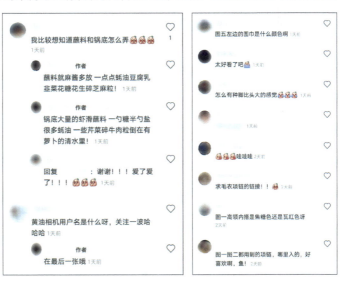

图8-26 以获取信息为目的的社交

当用户看到喜欢的内容时，会自然而然地在评论区表达对笔记的赞赏，其他用户若有同感，也会点赞这些评论，收到夸奖的作者也会点赞或回复以表示感谢，如图8-27所示。这种社交是用户心情与态度的表达，当然也出于交流的需要。

图8-27 表达态度的社交

用户也会在评论区同运营者和其他用户交流想法，分享自己的使用感受和笔记中没有提及的其他妙用，这些交流内容都是笔记内容的延展，如图8-28所示。

图8-28 交流想法的社交

## 2. 社交不是必需的

小红书内部的社交之所以让人感到舒服，一部分原因在于这种社交不是必需的，而是非强制性的。简单来说就是用户不参与社交也可以正常使用小红书，且不参与社交对使用体验基本不会造成影响。

我们常能看到一篇火爆的笔记的点赞数和收藏数可以达到几万，但评论数却只有几百，如图8-29所示。这种情况是非常普遍的。在小红书中，一篇笔记的评论数往往远低于点赞数和收藏数，原因就在于小红书中社交的非必要性。

图8-29 相对较低的评论数量

用户不喜欢评论绝不意味着他们不喜欢表达，恰恰相反，如果用户喜欢某篇笔记，通常不会吝啬点赞、收藏和关注。用户可以直接通过小红书的基础功能来满足自己的表达欲望，不一定要进行社交，因此能够在一种放松、舒适的状态下使用小红书。

我们经常能够看到图8-30所示的零发布用户，他们在使用小红书时不会在小红书中发布原创笔记，但当他们产生需求，第一反应就是到小红书来寻找笔记，这样的用户当然也是深度用户。

图8-30 零发布用户

## 8.2 推广指南大揭秘

推广最基本的目的是让用户看到发布的内容，并为账号或合作方带来利益。再复杂的推广策略归根结底也是为了这两点而努力。那么如何才能在推广中实现双赢，将内容与账号推广给更多用户呢？接下来为大家具体说明。

### 8.2.1 成为优质KOL

随着小红书的不断发展，小红书平台上已经积累了大量的笔记，也产生了不少KOL。但这些KOL的能力也有高低之分，优质的KOL能获得更多的合作机会。优质的KOL通常具有以下特征。

#### 1. 漂亮的真实数据

漂亮的真实数据有两重意义：第一，数据保证真实，即数据没有造假；第二，数据具有实际意义。

什么样的数据是具有实际意义的数据呢？很简单，能够对账号运营或变现产生实际作用的数据就是具有实际意义的数据。比如高点赞量能够让笔记位居前列，提升账号知名度，而直播间的高成交额能够为账号或合作商家带来真实收益。

那么什么样的数据是不具有实际意义的数据呢？举例来说，运营者通过大额抽奖快速提升的粉丝量意义便不大。当然，如果能够通过内容投放留住这些粉丝，数据价值也会相应提升。但实际上，这种不限制参与者身份的活动，即便能够吸引大量粉丝，其中也只有少数人是真正的目标用户。当品牌或商家选择合作对象时，他们也会考虑账号的综合情况，如果账号的其他指标与粉丝量不匹配，自然会降低合作的可能性。

#### 2. 稳定的互动量

稳定的互动量彰显了账号的用户积累实力，也是此账号号召力的体现。优质的KOL往往拥有自己的粉丝群，这些粉丝具有很高的忠诚度和对账号的依赖度，他们已经养成了阅读该账号内容的习惯，一旦该账号发布新的内容，粉丝会第一时间观看并表示支持，对账号发布的内容也有良好的接受度。

图8-31所示为某生活分享博主的笔记评论区。评论数量不多，笔记热度也比较低，但值得注意的是，该博主在其他平台也经营了同名账号，而评论中的大部分粉丝是从其他平台跟随而来的固定粉丝，这类粉丝的忠诚度非常高。这种类型的账号虽然当前还没有发展起来，但也拥有巨大的潜力。

第 **8** 章　小红书的推广策略

图8-31　高黏性用户

### 3. 强大的变现能力

变现是推广运营的最终目的，也是平台、品牌和商家选择合作对象的重要指标。没有变现的能力，即便账号的阅读量再高、笔记排名再靠前，仍然很难称为优质的KOL。好比一场直播，即便有一千万人同时在线，如果只有一百人下单，也不如只有一万人观看、一千人下单来得实际。对于KOL的评估也是如此。

变现能力包括直播"带货"能力、软广告创作与有效投放能力等。总之，变现能力就是将产品成功地推荐给接收内容的用户，并让用户心甘情愿地买单的能力。

图8-32所示为某品牌的试衣间穿搭笔记。运营者在该品牌实体店内完成图片拍摄，并将试穿的单品整理发布出来。虽然内容构成非常简单，但简洁大方的穿搭、精致漂亮的图片却俘获了众多用户的心，充分展现了这篇笔记的吸引力。尽管运营者在标题中直接写明了品牌名称，但很难界定它是不是一篇广告。实际上，它比许多硬广告还要成功，因为它让10万用户心甘情愿地为它点亮了"小红心"。

215

图8-32 试衣间穿搭笔记

#### 4. 专业态度

专业态度包括能够有效沟通，按照要求完成合作任务，具有责任感和契约精神。这也是合作项目能够顺利完成的基本保障。缺乏专业态度的KOL会为合作带来许多麻烦，甚至给合作方造成损失，这样的KOL自然也不能算优质KOL。

### 8.2.2 专业的甲方很重要

在合作推广的过程中，运营者为合作方带来产品的曝光量和流量，合作方对运营者也能产生良好的反推作用。通常来说，一个专业的甲方对合作有着明确的目标和要求，也能及时给予KOL有效反馈，这就是最好的行动指引。比如当一个推广方案被否决时，问题出在哪里或需要补充什么内容，足够专业的甲方会直接给出清晰准确的意见；出现特殊情况时，甲方往往也能及时协调，为合作的开展提供便利，提高效率。

第 **9** 章

# 小红书运营变现，你知道多少

小红书运营包括很多方面，不只是内容的创作。要将账号做强，除了内容的支撑，运营者还必须具备宏观的视角，能够放眼平台甚至全网进行观察分析，不断优化账号的发展方向和路线，在实践与理论不断融合的过程中，逐渐形成比较成熟的运营思维。当账号经过长期稳定的运营，积累了一定的粉丝量和影响力后，运营者就可以开始培养变现能力了。变现的方式有很多，运营者可以通过与品牌、商家合作变现，也可以独立开发产品或提供服务。

# 9.1 小红书运营者的思维

运营者要想真正玩转小红书，就必须摸清小红书的运营逻辑和平台的发展趋势。如果运营者的账号符合平台发展的需要，甚至能够跟上平台发展的脚步，那么就意味着运营者拥有在这个平台站稳脚跟的能力。熟悉平台套路是培养灵活成熟的运营思维的必要前提。

## 9.1.1 小红书与微博、朋友圈的区别

同为信息分享平台，小红书和微博、朋友圈都具有强大的社交功能，用户也高度重合，但三者在运营上其实有很大的区别。接下来从3个维度介绍三者的不同特征。

### 1. 开放程度不同

相对而言，朋友圈的开放程度是最低的，因为它是从社交工具延伸出来的交流平台，受到熟人社交的局限，具有很强的隐私性。具体体现在以下3个方面。

（1）朋友圈的内容传播度较低

平台外的内容可以被分享到朋友圈，但发布在朋友圈的内容不能对外分享，甚至在平台内部也无法转载。

（2）信息高度私有化

信息的推送依附于平台内部的社交关系，要想查看其他用户的朋友圈，只能通过添加好友或通过共同群聊、搜索名片等途径进入用户主页查看，如图9-1所示。

图9-1 朋友圈入口

不仅如此，用户在朋友圈中的评论、点赞行为都只对好友展示，当用户在好友的朋友圈动态下评论时，只有共同好友可以看到这条评论。

（3）细致划分的权限设置

用户既可以选择不看微信好友的朋友圈，也可以将自己的朋友圈隐藏起来，并可以选择允许朋友查看朋友圈全部、半年内可见、一个月可见、三天可见等4个维度的内容，还可以选择向特定的微信好友隐藏朋友圈，在发布每条动态时还可以自主设置公开程度，权限设置可以精确到用户，如图9-2所示。

第 **9** 章　小红书运营变现，你知道多少

图9-2　微信的隐私权限

微博的开放程度就高得多，公开发布的微博整个平台的用户都是可见的，用户可以自由转发、评论或点赞公开权限的微博。而且用户不仅可以在首页浏览关注的用户发布、转发的微博，还可以通过搜索、微博推荐或者进入用户首页查看其他微博。微博信息的公开度很高，交流性也很强。

但微博也有隐私功能，用户可以选择公开、粉丝、好友圈和仅自己可见等4个维度的分享范围，如图9-3所示。

图9-3　选择分享范围

除此之外，用户也可以通过微博的屏蔽功能屏蔽不想查看的内容或用户。开通会员后，用户还能通过设置关键词屏蔽包含对应关键词的内容，关键词限制为30个，如图9-4所示。

图9-4　微博的屏蔽功能

小红书的高开放性体现在发布笔记时是强制公开的，用户无法设置可见范围（笔记发布后用户才可以设为仅自己可见），如图9-5所示。笔记一旦发出，全平台的用户都拥有查看笔记的权限，系统也可能将其推送给任何一个感兴趣的用户。这就意味着，小红书账号不是一片"个人自留地"，而是面向全体用户的内容共享平台。

219

图9-5 内容发布权限

不过，小红书也为用户提供了屏蔽功能，用户只需长按笔记封面或笔记中的配图即可屏蔽特定作者、话题，也可以对笔记表示不感兴趣，如图9-6所示。

图9-6 小红书的屏蔽功能

小红书上的笔记是无法转载的，但用户可以通过收藏夹将其整理成合集。因此，小红书笔记的传播能力虽不及微博，但远胜朋友圈。

## 2. 消息推送机制不同

朋友圈的推送机制是以熟人社交为主。用户打开朋友圈，看到的只有微信好友发布的原创动态，这些动态可能是衣、食、住、行等日常记录，可能是来自其他平台的内容分享，也可能是微商账号的广告宣传。总的来说，朋友圈的内容都是好友生活状态的直接反映或内心想法的直接表达。

微博的消息推送包括关注用户动态、关键词搜索、热门搜索榜单、热门话题等多种渠道，并且在转发、评论等具有高自由度的功能发酵之下，信息推送形式有了更强的多元性。但随着微博流量的不断聚集，热度、话题度的地位越来越高，很多用户打开微博后的第一件事不再是刷新首页的关注用户动态，而是查看热搜榜上的新鲜热门事件。"微博热搜"也成为微博中使用率极高的一个功能区。微博热搜包含热搜榜、要闻榜、娱乐榜和同城榜4个榜单，如图9-7所示。

第 **9** 章　小红书运营变现，你知道多少

图9-7　微博热搜

"热度至上"确实成了微博的一个信息传播规则。所有微博按照热度进行整合，共同在热门微博榜单上竞争，热门内容被提炼成热门搜索词和热门话题，并被各种营销号转发，搜索结果也以热度排行。在微博平台，信息以转发、评论和点赞数被论高低，可以说热度越高，看到的人越多。

小红书则是以个性需求为推送原则。小红书上所有的笔记都被系统划分成不同的类别，并通过关键词、话题等信息进一步细化，推送给需求用户；平台对新鲜内容也会进行一定的扶持，即便是热度较低的新笔记，只要内容与定位高度垂直，也有可能被系统自动推送。在微博，热点推送的优先度远高于个性化推送，比起用户最关注的内容，微博更倾向于为用户推送最热门的内容。简单来说，微博更想让用户知道"大家正在看什么"，而小红书希望向用户呈现的是"我想看什么"。

### 3. 在热点形成的过程中所处环节不同

朋友圈很少制造热点，而且由于其信息传播能力较低，在热点发酵的过程中也少有贡献。朋友圈的作用主要是反映热点的发酵程度。因此，朋友圈通常处于热点形成的末端环节。

微博可以贯穿热点的整个形成过程，具有很强的包容性和承载能力。而且用户数量十分庞大，互动性也很强。因此信息传播快速，既能孵化热点，也可以作为热点传播、进一步发酵的载体。

微博之所以能快速传播热点，一个重要的原因在于微博用户的话语权和影响力被放大了。用户在微博发布动态的成本很低，一条动态的热度高低与其内容长短、是否含有图片或视频关系并不大，每个用户都可以通过发布相关原创动态进行转发、评论等，这些操作都可以成为热点传播发酵的助力，可以说每个用户都是创作者。

小红书和微博有相似之处，小红书既拥有制造热点的能力，也可以传播热点，进一步扩大热点的影响力。但在热点扩展这方面，小红书可以发挥的作用就不如微博了。这是由于小红书的互动交叉性较低，更多的是用户与笔记发布者之间的互动，而用户之间的互动频率较低。

在小红书上，用户间一般是通过评论、私信功能互动，但频率都不是很高，而且由于笔记无法转载，一条笔记只能对应一个固定的评论区，用户的评论对于创作者来说只是一种反馈，对信息的二次传播意义不大，如图9-8所示。

图9-8 用户间互动

换言之，在小红书上，普通用户和创作者这两个概念的划分是比较鲜明的，信息传播主要依靠创作者来完成，尤其是粉丝量大的知名创作者。

## 9.1.2 小红书需要什么样的内容

无论是进行内容创作与推广，还是规划账号的整体布局，都有一个共同的前提——运营者必须知道小红书用户需要什么样的内容。这样运营者才能在平台中如鱼得水，将平台优势发挥到最大。

### 1. 个性化

个性化是小红书运营的重要原则之一。内容的个性化体现在它必须直击用户最想了解、最需要了解的话题，这样的内容往往也能获得用户的喜爱。

图9-9所示为一篇洗脸巾的测评笔记。该笔记的文案非常简短，但点赞数和收藏数总共超过六万，热度非常高，笔记排名也比较靠前，这说明创作者有效地抓住了用户的需求。在笔记标题中，创作者标注了"学生必看"，并一再强调实惠，不仅定位了笔记的受众，还突出了"平价"这一标签，精准击中目标群体的痛点。

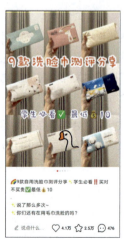

图9-9 个性化的测评笔记（一）

学生群体大部分经济尚未独立，消费能力弱于有收入的职场人士，但由于这一群体的年龄相对低，阅历较浅，更容易对新鲜事物产生兴趣，因此在做消费决策时比较容易受到第三方的影响，具有一定的消费潜力。所以针对学生的产品推荐一般以平价好物为主，洗脸巾作为传统毛巾的新兴替代品，价格也比较低廉，因而能够引起学生群体尝试的意愿。

创作者将图片作为内容承载的主体，将产品的基本信息和测评结果一一标注在图片上，价格、规格、产品卖点、推荐指数一应俱全，推荐语也写得非常接地气，主要是创作者自己使用后的真实感受，而这些恰恰是学生群体在购买日常用品时关心的内容。因此，笔记的参考性得到了提升。个性化的测评笔记如图9-10所示。

图9-10　个性化的测评笔记（二）

## 2. 简洁化

在小红书中发布笔记，篇幅有明确的限制，即字数不能超过1000字，图片不能超过9张，视频也不能超过5分钟。这都体现着小红书平台对于内容简洁性的要求。

小红书致力于将更加轻松舒适的阅读体验提供给用户，以篇幅短小、结构清晰的形式表现丰富的内容。大段的文字或过于冗长的视频，很容易让用户失去耐心，也为用户搜集有效信息带来了一定的阻碍。接下来以具体实例为大家说明什么样的笔记才符合简洁化的要求。

图9-11所示为一篇关于"光腿神器"的测评笔记，在测评话题下排名非常靠前，点赞数为七万，收藏数超过五万，热度非常可观。这主要是因为笔记选题迎合了用户需求。仔细观察这篇高热度笔记的内容，就会发现笔记内容并不多，信息却非常清晰和全面。

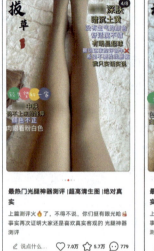

图9-11 "光腿神器"测评图片

该笔记中只插入了8张图片，没有达到配图数量的上限，却"图尽其用"，创作者的逻辑非常清晰，利用8张图片直观展现了"光腿神器"之间的外观区别，图中标注的文字说明也简单明了。创作者还特别展示了其中质量较低的产品的细节，让用户能够看清楚产品差在哪里，这种"拔草"比正向的推荐更能让用户快速体会到笔记的实用性，从而有效提升用户对账号的信任度。

为了进一步方便用户快速获取有效信息，该创作者还在文案部分进行了总结，高度概括了笔记内容。该创作者从用户最关心的7个方面进行了具体的选择推荐，如色号、价位等，帮助用户快速定位具体需求。而且创作者还针对不同肤色的用户给出了相应的建议。对于"急性子"的用户，创作者也进行了综合性推荐。可以说该创作者放进笔记的内容都是必要的内容，而且笔记条理清晰，易于阅读，如图9-12所示。

图9-12 "光腿神器"测评文案

### 3. 生活化（日常化）

"小红书，标记我的生活"，这是小红书App开屏的口号，也是对平台内容简洁、精准的定位。相应地，我们在进行内容创作时也应当有意识地贴合这个定位。

内容的生活化有两重含义：第一重含义是指小红书笔记取材于生活，比如小红书上的美妆、穿搭、美食等热门话题，都与日常生活息息相关；第二重含义是指用户可以通过小红书笔记记录日常生活，如Vlog、摄影等主题的笔记。

以摄影为例，在小红书的"摄影"话题下，热度靠前的笔记大多以摄影相关技能的学习为主，也有一些摄影过程的记录，这些都是摄影话题中相对贴近生活的部分，如图9-13所示。

图9-13 摄影笔记示例

### 4. 功能性

内容的功能性即它能为用户带来实质性的帮助。用户的需求得到满足时，对平台的依赖度也会提高。换言之，用户再次产生需求时，首先想到的是到小红书寻找答案。

小红书通过具有功能性的内容不断积累用户的信赖度，从而获得"种草神器"的美誉。当这一称号打响，就等同于在用户心中树立了一个固定形象，当用户需要购买某类产品、某类服务或学习某项技能时，小红书能成为用户的首选。正是拥有了这个信任基础，小红书才能完成后续的变现环节，让用户心甘情愿地在商城中消费。

## 9.1.3 3个步骤完成思维转变

在账号运营中，思维的转变是很重要的。只要运营者能形成成熟的运营思维，运营路线就会更清晰，后续的内容创作和推广引流都能按部就班地完成。接下来介绍3个具体步骤，帮助大家完成思维转变。

1. 明确方向

要想做好小红书运营，运营者必须先明确方向，想清楚自己想要做什么，是让更多的人认识自己的账号，是创作出一篇热度高的优质笔记，还是想要吸引用户进行互动。只有确定了特定的目标，运营者才能坚定地向着这个目标前进，少做无用功。

2. 具体编排

方向确定之后，运营者可以根据方向设立一些阶段性目标。比如想让更多的人认识自己的账号，就可以将这个大方向大致划分成几个阶段：发布1~2篇热度高、排名靠前的笔记，发布1~2篇收藏数较高的笔记，增加1000个粉丝。

3. 具体落实

目标的完成在于落实，没有具体行动的支持，目标的实现只是空谈。上一步设计的阶段性目标，需要运营者采取实际行动去完成。

第一个阶段目标是发布1~2篇热度高、排名靠前的笔记。要让笔记获得高热度，就要选取一些热门的题材，运营者可以思考近期有什么热点话题，目标用户最近有可能在关注什么、想要了解什么，然后创作一篇兼具热点话题和用户需求的笔记。当然，不要忘了优化笔记的内容，再添加合适的话题与标签，增加笔记的曝光率，帮助笔记获得更高的热度。

第二个阶段目标是发布1~2篇收藏数较高的笔记。此时可以创作科普类笔记，如干货、教程或者推荐测评的合集，这类笔记更容易获得高收藏数。不过，一定要保证内容的质量，比如，增加干货内容，提升笔记的参考价值；优化笔记排版，让用户阅读起来更加轻松省力。

第三个阶段目标是增加1000个粉丝。粉丝的增加需要足够深厚的内容基础，运营者可以尝试做到稳定更新，如每周在固定的时间发布2~3篇笔记，为账号积累内容基础。除此之外，还可以开设一场一小时左右的互动直播，并提前发布直播预告，准备一些限定粉丝参与的抽奖活动。不过，需要注意的是，通过抽奖形式增加的粉丝比起通过发布笔记吸引来的粉丝更容易流失，如何留住这些粉丝还需要运营者花费心思想办法。

 引流的小技巧

当前不少KOL都在致力于打造私域流量，经营自己的社群。有些运营者在其他平台早已有自己的推广账号，这就面临一个新的问题：如何将在小红书上积攒的流量引到其他平台呢？本节就为大家介绍4个引流小技巧。

## 9.2.1 评论私信引流

在评论区引流是一种较为直接的引流方式。在评论区，运营者可以直接和用户交流。评论区引流有3种情况：在自己的评论区引流、在其他博主的评论区引流、私信引流。接下来分别为大家介绍。

## 1. 在自己的评论区引流

在自己的评论区引流主要是将小红书上的流量引导到其他平台。通常来说，在评论区留评的用户和浏览评论区的用户都是对笔记有一定兴趣的用户，这些用户是运营者应该重点把握的精准用户。为了将这些精准用户引导到目标平台，运营者可以在评论区发表一些引流话题，或者用一些引流话术回复用户的评论。不同的引流目的又适用不同的引流方式，引流目的一般可以分为以下两种。

（1）线下店铺引流

随着互联网的快速发展，线上电商崛起，很多线下店铺都开始在各平台运营自己的账号，建立社群，吸引更多用户光顾线下店铺。对于这类运营者，引流就是将线上的粉丝引导到线下，为店铺带来实际收益。

图9-14所示为某线下店铺的小红书账号评论区。该账号发布笔记介绍店铺相关的情况，用户阅读完笔记就能看到这些信息。除此之外，该账号还一一回复了评论区中的提问，同时使用一些邀请性话语详细介绍店铺情况，引导用户光顾实体店，达到拓展客户群的目的。

图9-14　在自己的评论区引流

（2）向第三方平台引流

向第三方平台引流是平台之间的流量转移，比如运营者通过分享一些在其他平台上的体验，引起小红书的粉丝对其他平台的了解与关注等。

图9-15所示为某读书博主发布的购书分享笔记。在笔记中该博主详细地介绍了自己在某电商平台购买的书籍及享受的活动优惠，吸引用户在该电商平台消费。

图9-15　评论区直接补充说明

## 2. 在其他博主的评论区引流

运营者有时也会在其他博主的评论区引流，但需要注意三点：一是要选择同领域的博主或笔记，这样才能确保吸引的都是有效流量；二是要选择高热度笔记的评论区，增加用户看到这条评论的可能性；三是要注意引流的方式，避免引起其他博主反感。

图9-16所示为某茶艺博主发布的笔记的评论区。该博主分享的内容主要是自己品茶的心得、茶艺课程分享和茶园、茶叶店探店分享，吸引了很多对茶艺感兴趣的用户，这些用户显然都是茶艺领域的精准用户。因此，不仅经常有用户在评论区询问茶艺课程的获取途径和推荐购买的茶叶，很多茶园和茶叶店铺也会在评论区发布相关推广信息，既是对该博主发出邀请，也是向评论区中的精准用户宣传自己。

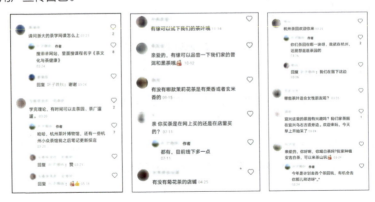

图9-16　在其他博主的评论区引流

## 3. 私信引流

私信引流的优势在于可以发送图片，且以一对一的形式交流，能够保证目标用户收到引流信息。私信引流要注意话术，最好用打招呼的语气开场，这样不容易引起用户反感，准确把握用户的兴趣对引流效果的提升非常重要，如图9-17所示。如果发送文字信息要尽量避免使用敏感词，防止被系统认定为营销内容。

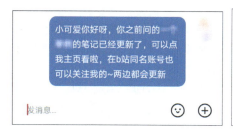

图9-17　私信引流

## 9.2.2 利用简介引流

运营者可以在个人简介中留下联系方式、其他平台账号、实体店地址等信息，用户只需进入运营者的主页就能看到这些信息，从而实现引流的目的。但此举存在被平台视作违规的风险，所以运营者最好避免第三方平台名称等违禁词的出现。图9-18所示为典型的利用简介引流。

图9-18　简介中运用表情符号

## 9.2.3 个人品牌词引流

个人品牌词引流是双向的。一方面，运营者可以在第三方平台投放个人品牌词，吸引用户关注小红书账号；另一方面，运营者也可以通过将个人品牌词放进笔记标题、在笔记中反复提及等方法，将用户引导至其他目标平台。

个人品牌词的打造主要来自账号及账号发布的内容。成功的个人品牌词能够极大地提升账号的辨识度，打破平台的局限，促使账号的影响力和辐射范围最大化，实现引流的目的。为了强化个人品牌词影响力，运营者可以打造相应的人设和个人IP来丰富个人品牌词的内涵。在打造个人品牌词时需注意以下几点。

### 1. 符合定位

个人品牌词就像一块广告牌，它的作用是帮助账号提升知名度、挖掘潜在用户。展现定位的个人品牌词要能够自动定位目标用户。

个人品牌词必须与账号的定位相关联，否则用户看到品牌词也不知道这个账号是做什么的。这会导致账号很容易错失潜在用户，宣传效果也会大打折扣。比如，读书账号以"××读书""××爱阅读"的形式设计个人品牌词，学习博主则以"自习少女×××""学霸××"的形式打造个人品牌词。总之，要让用户看到个人品牌词时立即了解核心的内容。

图9-19所示为某手账博主的主页。该博主为账号打造的品牌词是"手账店主"，账号ID与线上店铺同名，用户看到标题不仅马上知道该账号与手账相关，还能知道该博主正在经营自己的线上店铺。用户在电商平台搜索该ID，马上就能找到该博主经营的店铺。

图9-19　明确的定位

### 2. 体现特点

既然个人品牌词是运营者对外投放的一块广告牌，那么就要体现创意和特色。一方面，个人品牌词应当独特有趣，这样才能吸引用户对这块广告牌感兴趣；另一方面，个人品牌词应当更多地展现账号的特色。这两点是相辅相成的，如果品牌词能够充分展现个人账号特色，那它自然是独特的，而有趣的品牌词也能反过来丰富账号的形象标签。如若不然，就说明运营者对账号内容挖掘得不够彻底，或者账号原本的定位就不够清晰。

怎样才能打造体现账号特点的个人品牌词呢？很简单，运营者只需要思考两个问题：自己希望用户了解账号的哪些信息，希望用户对账号建立什么样的印象。这两个问题的答案就是个人品牌词应当体现的内容。运营者还可以将自己打造的人设作为个人品牌词。

# 第 9 章 小红书运营变现，你知道多少

图9-20所示为某穿搭博主发布的穿搭笔记。每篇笔记的标题都有共同的前缀"162学姐"，她的个人品牌词由身高信息和她为自己建立的形象共同构成，也是她自己的人设。由于个人品牌词和笔记内容能够有机结合，用户在阅读笔记、了解该博主的同时也能够自然而然地记住个人品牌词。

图9-20 个人人设

### 3. 容易记忆

如果个人品牌词不能让用户记住，那它就没有意义。因此，在设计个人品牌词的时候，运营者最好注意其构成不要太复杂，要尽可能简单，越容易记忆越好。

个人品牌词未必要很简短，但不能太长，太长会增加记忆的难度，也容易被误记。个人品牌词的字数以2~6字为宜。便于记忆的个人品牌词也能为推广变现带来更好的效果。

比如某测评博主设计的个人品牌词是"老爸评测"，"老爸"这个称呼亲切又简单，与他自身形象也比较贴合，"评测"则是其定位的直接概括。用户在其他平台看到该博主的视频片段或测评结论等内容后，就能自然而然地记住这个个人品牌词。接下来只要在小红书搜索"老爸评测"，马上就能搜索到他的账号及其发布的内容，这就是成功的引流。

除了小红书，该博主在bilibili、微博、抖音等平台都建立了自己的账号，同步发布测评内容，无论用户在哪个平台搜索"老爸评测"，都能找到他的账号，这样就能将流量牢牢地把握在自己手中，而且各平台之间相互引流也很方便。

图9-21所示为某购物分享博主发布的笔记。"狮子书桌分享"是该博主为自己打造的个人品牌词，还有"狮子好物分享""狮子书桌日常"。她为了在标题中展示个人品牌词，便将"狮子"文字简化为表情符号，既简洁直观，又富于趣味，用户很容易就能记住这个形象可爱的个人品牌词。

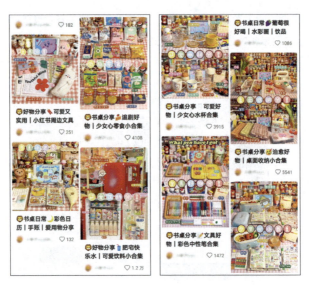

图9-21 简洁的个人品牌词

### 4. 容易搜索

要利用个人品牌词将用户吸引到指定账号中。如果个人品牌词难以搜索，用户很可能就不会搜索，或者由于搜索失误而被引至其他地方。容易搜索的个人品牌词通常具有包含常用字词的特征。

包含常用字词是为了方便用户在搜索框中输入个人品牌词。越是常用的字词，其输入时间就越短，而且常用词在输入法中往往以固定词组的形式出现，不容易输错。

图9-22所示的几位穿搭博主都使用了简单好记的字词，如"星星""牙膏""鸭鸭"等。简单的词汇能够减轻用户打字的麻烦程度。

图9-22 常用字词

### 5. 高关联度

个人品牌词应与账号及其发布内容保持高度关联。图9-23所示为某穿搭博主发布的笔记。该博主用打招呼的形式作为每篇笔记的开头，非常自然地提到了自己的个人品牌词"小符"。

第 **9** 章　小红书运营变现，你知道多少

图9-23　在笔记中提及个人品牌词

在搜索框中输入该博主的个人品牌词"小符"，搜索结果中靠前的位置出现了该博主发布的穿搭笔记，因为这些笔记中都提到了个人品牌词，如图9-24所示。

图9-24　搜索结果

# 9.3 变现的途径

当账号积累了一定的粉丝和影响力后,运营者就可以开始培养变现能力了。实现变现的方式有很多,运营者可以通过与品牌、商家合作变现,也可以独立开发产品或提供服务。

在小红书平台中,变现的途径包括官方途径和非官方途径。官方途径是随着越来越多的KOL成长起来,小红书平台为运营者提供的多样化的变现途径。非官方途径则是运营者自身在平台允许的范围内自由探索的变现途径。本节将为大家介绍如何有效利用这些变现途径创造收益。

## 9.3.1 成为品牌合作人

品牌合作人是小红书平台于2019年推出的一种官方变现形式,为品牌方和运营者搭建了合作的桥梁。满足要求的运营者可以向小红书平台提出申请,申请通过后,就可以在平台发布品牌推广内容,获取收益。不过,小红书对品牌合作人的推广行为也是有约束的,品牌合作笔记的月占比不能超过20%,并且发布前要向小红书平台报备。

为了避免违反平台规定,运营者需要充分了解相关规定。小红书通过"薯管家"官方账号发布了一系列的说明与教程,可供运营者仔细研究,如图9-25所示。

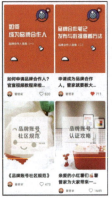

图9-25 官方说明

"薯管家"在一系列的说明笔记中详细讲解了品牌合作人的权利和义务,帮助运营者理解该功能的具体使用。

图9-26所示就是关于品牌合作笔记的发布与数据查看方法的说明。"薯管家"以视频的形式呈现了后台操作的完整步骤,帮助运营者了解所发布的品牌合作笔记的流量数据。在评论区中,"薯管家"也会为运营者答疑解惑。

# 第 9 章 小红书运营变现，你知道多少

图9-26 视频笔记解说

品牌合作笔记的内容取决于合作方的具体要求和产品自身的特性。图9-27所示为某博主发布的品牌合作笔记。该博主创作了高质量的图文内容，详细介绍了产品特色和亲身试用体验。运营者发布的每篇品牌合作笔记下方都会显示"与××品牌合作"的字样。

图9-27 品牌合作笔记

235

## 9.3.2 经营个人号

个人号的变现大致有三种情况：第一种是通过运营账号积累粉丝和知名度，打造个人IP，产生商业价值；第二种是先做内容，在账号积累了一定粉丝量和用户需求后，开设自己的薯店，销售产品；第三种是本身已经创建了品牌或店铺，通过运营小红书账号进行推广引流，提升热度，实现变现。

### 1. 个人IP变现

个人IP就像品牌一样，能够直接为账号带来商业价值。个人IP变现要求账号具有比较大的影响力，影响力越大，商业价值越高。当账号建立起成熟的个人IP时，运营者就能够与层次更高、受众更广的合作方合作，拓展变现途径。

图9-28所示为某知名测评博主的笔记。该博主发布了许多实用且客观的测评内容，由此受到大量用户的喜爱，积攒了一定的知名度。该博主不仅成立了自己的公司，还获得了来自大众的肯定，先接受了央视财经频道的采访邀约，又被授予2020年度浙江省青年数字经济"鸿鹄奖"。正如该博主的获奖感言所说，这些成就都来自粉丝的推动及其运营模式的形成。

图9-28 个人IP变现

个人IP给账号带来的品牌效应也能推动变现。图9-29所示为某分享博主与某品牌的联名文创笔记。该博主通过长期的内容分享，积累了大量的忠实粉丝，而且这些粉丝本身也具有一定的消费能力，当该博主与品牌共同推出联名产品时，这些粉丝自然愿意通过购买产品的方式表示支持。

# 第9章 小红书运营变现，你知道多少

图9-29 个人联名

## 2. 个人商城

小红书商城为个人商城的经营提供了便利的平台。运营者可以直接开设自己的薯店，产品销售和内容推广都集中在同一个平台，也能降低引流的难度。

图9-30所示为某饮品推广账号。该账号平时会发布一些与产品相关的内容，有购买意愿的用户在该账号主页进入薯店直接下单即可。

图9-30 开设薯店

## 3. 推广线下店铺

随着互联网的快速发展和电商的崛起，实体店越来越重视线上引流，希望以此带动线下的经营。因此，很多实体商家也会运营小红书账号，将店铺日常经营的片段或样品展示图分享到小红书，吸引潜在用户。

图9-31所示为某线下美甲店的小红书账号。该账号经常分享精心制作的模特图，并解答一些用户的疑问，以此来积累客户资源。感兴趣的用户还可以通过私信预约线下服务。

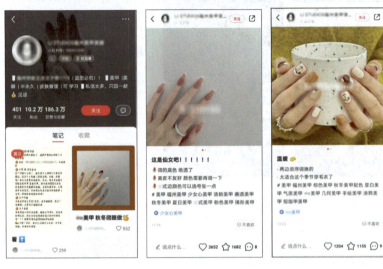

图9-31　商铺引流

## 9.3.3 投放笔记推广

为了吸引线上流量，方便在线上进行多种互动，很多品牌都在小红书上运营自己的企业号。很多电商商家和实体店铺也会进行账号运营，通过投放笔记推广自己的产品。

图9-32所示为某品牌企业号发布的笔记。该企业号在笔记中对新产品进行了详细的介绍，并通过抽奖活动吸引用户点赞、收藏笔记，提高笔记的热度，为新品上市造势。

图9-32　投放笔记推广

## 9.3.4 直播

随着直播"带货"的热潮日益高涨,直播变现也越来越被大家重视。直播变现分为两种情况:为自己的产品做推广和为合作的商家做推广。

### 1. 为自己的产品做推广

为自己的产品做推广是指品牌或商家自己运营小红书账号,并在小红书开展直播,品牌或商家安排专人负责直播工作,或者外聘主播卖货。由经过平台认证的企业号进行直播,用户对从该途径购买到的产品更放心,从而提升用户在直播间下单的可能性。

图9-33所示为企业号的直播页面。直播的内容包括对本品牌产品进行介绍和展示,并为直播间用户送出抽奖福利和下单优惠,有比较高的热度。

图9-33 直播推广自己的产品

### 2. 为合作的商家做推广

为合作的商家做推广是针对一些专门做内容推广的账号,这些账号自身并不经营店铺,却有庞大的粉丝基础或强大的"带货"能力,因此许多商家会与这些账号达成合作关系,商家提供产品和优惠,支付酬劳,由账号运营者进行直播。这是一种促成账号与合作商家双赢的变现途径,也是常见的变现途径。

图9-34所示为某购物推荐博主的主页和直播画面。该博主日常分享的内容就是各种类型的产品测评和推荐,因此积累了许多具有消费欲望和消费能力的粉丝,具有比较强的"带货"能力。该博主通常在每周五下午五点进行一场"带货"直播,感兴趣的用户自然会准时收看,有"带货"需求的商家也会提前与其预约时间,洽谈合作。

图9-34 商业合作推广